Couvertures supérieure et inférieure
en couleur

QUESTIONS
DE
MORALE PRATIQUE

PAR

FRANCISQUE BOUILLIER

Membre de l'Institut

DES ALTÉRATIONS DU SENS MORAL
OU DE LA FAUSSE CONSCIENCE
II. PETITS PLAISIRS ET PETITS DÉPLAISIRS
III. DE LA CIVILISATION SANS LA MORALE ET DE LA MORALE
SANS LA RELIGION
IV. DE L'ENCOURAGEMENT AU BIEN ET DES PRIX DE VERTU
V. DU MENSONGE — VI. DE L'HYPOCRISIE

PARIS
LIBRAIRIE HACHETTE ET Cie
79, BOULEVARD SAINT-GERMAIN, 79
—
1889

Librairie HACHETTE et Cie, Boulevard Saint-Germain, 79, PARIS.

BIBLIOTHÈQUE VARIÉE A 3 FR. 50 LE VOLUME
FORMAT IN-16

Études littéraires.

Albert (Paul) : *La poésie, études sur les chefs-d'œuvre des poètes de tous les temps et de tous les pays.* 1 vol.
— *La prose, études sur les chefs-d'œuvre des prosateurs de tous les temps et de tous les pays.* 1 vol.
— *La littérature française des origines à la fin du XVIe siècle.* 1 vol.
— *La littérature française au XVIIe siècle.*
— *La littérature française au XVIIIe siècle.* 1 vol.
— *La littérature française au XIXe siècle.* 2 vol.
— *Variétés morales et littéraires.* 1 vol.
— *Poètes et poésies.* 1 vol.
Berger (Adolphe) : *Histoire de l'éloquence latine, depuis l'origine de Rome jusqu'à Cicéron,* publiée par M. V. Cucheval, 2 vol.
Ouvrage couronné par l'Académie française.
Bersot : *Un moraliste; études et pensées.*
Bossert : *La littérature allemande au moyen âge.* 1 vol.
— *Gœthe, ses précurseurs et ses contemporains.* 1 vol.
— *Gœthe et Schiller.* 1 vol.
Ouvrage couronné par l'Académie française.
Brunetière : *Études critiques sur l'histoire de la littérature française.* 2 vol.
Caro : *La fin du XVIIIe siècle; études et portraits.* 2 vol.
Deltour : *Les ennemis de Racine au XVIIe siècle.* 1 vol.
Ouvrage couronné par l'Académie française.
Deschanel : *Études sur Aristophane.* 1 vol.
Despois (E.) : *Le théâtre français sous Louis XIV.* 1 vol.
Gebhart (E.) : *De l'Italie,* essais de critique et d'histoire. 1 vol.
— *Rabelais, la Renaissance et la Réforme.*
Ouvrage couronné par l'Académie française.
— *Les origines de la Renaissance en Italie.*
Ouvrage couronné par l'Académie française.
Girard (J.), de l'Institut : *Études sur l'éloquence attique* (Lysias, — Hypéride, — Démosthène). 1 vol.
— *Le sentiment religieux en Grèce.* 1 vol.
Ouvrage couronné par l'Académie française.
Janin (Jules) : *Variétés littéraires.* 1 vol.

Laveleye (E. de) : *Études et essais.* 1 vol.
Lenient : *La satire en France au moyen âge.* 1 vol.
— *La satire en France, ou la littérature militante au XVIe siècle.* 2 vol.
Lichtenberger : *Études sur les poésies lyriques de Gœthe.* 1 vol.
Ouvrage couronné par l'Académie française.
Martha (C.), de l'Institut : *Les moralistes sous l'empire romain.* 1 vol.
Ouvrage couronné par l'Académie française.
— *Le poème de Lucrèce.* 1 vol.
— *Études morales sur l'antiquité.* 1 vol.
Mayrargues (A.) : *Rabelais.* 1 vol.
Mézières (A.), de l'Académie française : *Shakespeare, ses œuvres et ses critiques.*
— *Prédécesseurs et contemporains de Shakespeare.* 1 vol.
— *Contemporains et successeurs de Shakespeare.* 1 vol.
Ouvrages couronnés par l'Académie française.
— *Hors de France.* 1 vol.
— *En France.* 1 vol.
Montégut (E.) : *Poètes et artistes de l'Italie.* 1 vol.
— *Types littéraires et fantaisies esthétiques.* 1 vol.
— *Essais sur la littérature anglaise.* 1 vol.
Nisard (Désiré), de l'Académie française : *Études de mœurs et de critique sur les poètes latins de la décadence.* 2 vol.
Patin : *Études sur les tragiques grecs.* 4 vol.
— *Études sur la poésie latine.* 2 vol.
— *Discours et mélanges littéraires.* 1 vol.
Pey : *L'Allemagne d'aujourd'hui.* 1 vol.
Prévost-Paradol : *Études sur les moralistes français.* 1 vol.
Sainte-Beuve : *Port-Royal.* 7 vol.
Taine (H.), de l'Académie française : *Essai sur Tite-Live.* 1 vol.
Ouvrage couronné par l'Académie française.
— *Essais de critique et d'histoire.* 2 vol.
— *Histoire de la littérature anglaise.* 5 vol.
— *La Fontaine et ses fables.* 1 vol.
Tréverret (de) : *L'Italie au XVIe siècle.*
Wallon : *Éloges académiques.* 2 vol.

Chefs-d'œuvre des littératures étrangères.

Byron (lord) : *Œuvres complètes,* traduites de l'anglais par M. Benjamin Laroche. 4 vol.
Cervantès : *Don Quichotte,* traduit de l'espagnol par M. L. Viardot. 2 vol.
Dante : *La divine comédie,* traduite de l'italien par P. A. Fiorentino. 1 vol.

Ossian : *Poëmes gaéliques,* recueillis par Mac-Pherson, traduits de l'anglais par P. Christian. 1 vol.
Shakespeare : *Œuvres complètes,* traduites de l'anglais par M. E. Montégut. 10 vol.
Ouvrage couronné par l'Académie française.
Chaque volume se vend séparément

QUESTIONS

DE

MORALE PRATIQUE

OUVRAGES DU MÊME AUTEUR

EN VENTE A LA LIBRAIRIE HACHETTE ET Cie

Du plaisir et de la douleur, 3e édition, 1 vol. broché. 3 fr. 50
L'Institut et les Académies de province, 1 vol. br. 3 fr. 50
La vraie conscience, 1 vol. broché. 3 fr. 50
Études familières de psychologie et de morale, 1 vol. broché. 3 fr. 50
Nouvelles études familières de psychologie et de morale, 1 vol. broché. 3 fr. 50

LIBRAIRIE DELAGRAVE

Histoire de la philosophie cartésienne, 3e éd., 2 forts vol. in-8.
Le même ouvrage, 2 vol. in-12.
Notions de l'histoire de la philosophie, 6e éd., 1 vol. in-12.

LIBRAIRIE ÉMILE PERRIN

Le principe vital et l'âme pensante, 2e éd., 1 vol. in-12.
Morale et progrès, 1 vol. in-12.

LIBRAIRIE GAUME

L'Université sous M. Ferry, 1 vol. in-12.

LIBRAIRIE ALCAN

Méthode pour arriver à la vie bienheureuse, par Fichte, traduction de Francisque Bouillier, 1 vol. in-8.

Coulommiers. — Typ. P. BRODARD et GALLOIS.

QUESTIONS
DE
MORALE PRATIQUE

PAR

FRANCISQUE BOUILLIER

Membre de l'Institut

I. DES ALTÉRATIONS DU SENS MORAL
OU DE LA FAUSSE CONSCIENCE
II. PETITS PLAISIRS ET PETITS DÉPLAISIRS
III. DE LA CIVILISATION SANS LA MORALE ET DE LA MORALE
SANS LA RELIGION
IV. DE L'ENCOURAGEMENT AU BIEN ET DES PRIX DE VERTU
V. DU MENSONGE — VI. DE L'HYPOCRISIE

PARIS
LIBRAIRIE HACHETTE ET Cie
79, BOULEVARD SAINT-GERMAIN, 79

—

1889

Droits de traduction et de reproduction réservés

AVERTISSEMENT

Il ne faudrait pas demander à ce livre modeste plus qu'il n'annonce et plus qu'il ne promet. J'y traite de la morale, mais de la morale pratique et non des principes de la morale. Ce n'est pas même un cours de morale pratique, comme il s'en fait tant aujourd'hui, mais l'étude de quelques questions qui, dans l'état actuel des esprits et des consciences, m'ont paru avoir un certain intérêt et pouvoir donner lieu à quelques controverses. Je n'ai pas prétendu faire œuvre de métaphysicien, mais seulement de moraliste, sans nulle autre lumière que l'honnêteté naturelle ou la conscience morale.

Si l'on me demandait ce que j'entends par cette conscience qui doit me servir de guide dans toutes ces études, je pourrais renvoyer à mon ouvrage sur *la Vraie Conscience*, où j'ai eu pour principal but d'expliquer ce qu'elle est, sur quoi elle se fonde, et d'où lui vient son autorité. Il suffira que je rappelle ici, en quelques lignes, la conclusion que je pense avoir solidement établie, à l'encontre de théories plus sublimes peut-être, mais qui se perdent dans les nuages ou dans le vide.

Non seulement cette conscience est en nous, mais elle est, pour ainsi dire, la plus pure, la plus haute émanation de nous-même. La conscience morale, de même que la conscience psychologique, consiste, comme son nom l'indique, à se savoir soi-même. Elle n'est pas autre chose que le sentiment de notre propre nature, non dans ce qu'elle a de commun avec les autres êtres, mais de notre nature propre, de notre dignité, de notre excellence, de ce qui nous fait véritablement hommes. Noblesse oblige; c'est un vieil adage qui s'applique, non seulement aux gens haut placés et de grande naissance, mais à tous les hommes en tant qu'hommes sans exception. Le sentiment de cette noblesse inhérente à la nature humaine, voilà ce qui nous oblige, voilà la conscience, la loi morale. De là, cette formule que j'en ai donnée : la loi morale est la forme même de l'homme. J'ai hâte d'ajouter de nouveau que cette nature, cette forme de l'homme n'étant point notre œuvre, et ne s'étant point faite elle-même, elle a pour raison suprême celui qui en est l'auteur, c'est-à-dire Dieu lui-même. A la prendre en elle-même, comme nous allons le faire, elle est humaine; mais à la prendre dans son origine, elle est divine.

Je n'aurai pas d'autre règle de casuistique que cette conscience dans tous les cas de conscience que je vais examiner et dans les solutions que je propose. Je traite des questions qui se présentent dans la vie commune, dans la pratique de tous les jours, et sur lesquelles il importe, à ce qu'il m'a semblé, de fortifier, de redresser la conscience publique. Tel est l'esprit qui domine dans ces études et qui, malgré leur diversité, les rattache les unes aux autres.

Si la conscience morale doit être notre guide unique, rien n'importe plus que de nous prémunir contre tout ce qui peut l'altérer et la corrompre ; rien de plus dangereux qu'une fausse conscience. De là, l'étude par où je commence. Je montre comment la conscience, naturellement droite, se fausse par les passions et par les intérêts ; je donne la méthode, qui est à la portée de tous, par laquelle une conscience faussée peut encore trouver en elle-même de quoi se redresser, et qui consiste simplement à nous juger nous-mêmes comme nous jugeons les autres. Est-il un degré d'aveuglement où une fausse conscience ne peut plus se redresser, où l'erreur morale est invincible, et où cesserait la responsabilité? J'ai traité cette question qui intéresse à un si haut point la conscience de tous et plus particulièrement celle des magistrats et des jurés.

Ces faux raisonnements par lesquels on cherche à s'abuser soi-même sur ce qui est bien et sur ce qui est mal, n'ont sans doute échappé à aucun moraliste; mais il est bon d'y revenir à cause des formes nouvelles, plus captieuses, plus insidieuses qu'ils revêtent, suivant les mœurs, les intérêts et les passions du jour.

Je n'ai parlé du progrès que parce qu'il ne se sépare pas de la morale. Il y a telle manière d'entendre le progrès qui peut tourner contre le progrès lui-même. J'ai voulu surtout secouer de leur torpeur ceux qui, dans ces temps de défaillance, s'endorment dans une foi dangereuse à la fatalité du progrès. Il m'a paru utile de rappeler que le progrès est œuvre humaine, qu'il dépend de nous, c'est-à-dire du bon usage de nos facultés, qui lui-même dépend de la morale. Otez l'élément moral, la plus brillante civilisation peut retourner à la barbarie. Quant aux préceptes de la morale, ils n'ont toute leur efficacité, j'ai insisté sur ce point, qu'avec le concours de l'idée de Dieu et du sentiment religieux.

A ces graves questions j'ai mêlé l'étude beaucoup moins grave, surtout en apparence, des petits plaisirs et des petits déplaisirs. Quoique, pris isolément, ils soient à peine sensibles, il ne faut pas les dédaigner; en raison de leur accumulation et de leur continuité, ils jouent un rôle considérable dans la vie humaine. Plaisirs et déplaisirs s'entremêlent les uns les autres dans une chaîne qui s'étend du commencement jusqu'à la fin de notre existence; mais ce sont les petits plaisirs qui, en somme, dominent, grâce au grand et doux bienfait de l'habitude. Tout en établissant leur prépondérance, je n'ai pas eu la prétention de résoudre la question du pessimisme, mais cette prépondérance m'a paru un élément qui ne devait pas être négligé par ceux qui entreprennent de faire la comparaison des biens et des maux de cette vie. Pour diminuer le nombre des mécontents dans le royaume de la Providence, comme parle Leibniz, il m'a paru bon d'appeler l'attention sur ces petits plaisirs, et surtout sur ces plaisirs de l'habitude qui attachent à la vie même les plus misérables.

C'est bien aussi de la morale pratique que l'encouragement au bien et les prix de vertu. Les prix de vertu décernés par l'Académie française sont ceux de tous qui ont le plus d'éclat et de retentissement, mais ils ne sont pas les seuls. Presque partout en France, sous une forme ou sous une autre, il y a des prix de vertu, les uns donnés par des académies, les autres par des villes ou par des sociétés particulières. L'État lui-même donne des décorations, des médailles, des primes qui sont des prix de vertu. J'ai défendu ces récompenses contre les critiques de censeurs trop austères ou contre les railleries d'esprits légers, en me plaçant à un point de vue plus général que les rapporteurs de l'Académie française. On ne peut en effet les attaquer sans attaquer en même temps le principe de l'encouragement au bien d'où elles découlent, et dont elles ne sont que des formes diverses. Or ce principe est de tous les temps; il est inhérent à la morale elle-même. C'est une application du jugement de mérite qui fait le pendant de celui de démérite. S'il y a une contagion du mal, il y a aussi une contagion du bien, il y a une efficacité des bons exemples, qui, sans les prix de vertu, demeureraient souvent ignorés. Plût à Dieu qu'il y eût une ligue universelle d'encouragement au bien pour combattre cette ligue en faveur du mal qui semble s'étendre aujourd'hui d'un bout de la société à l'autre, et dans laquelle on dirait que sont enrôlés tous les pouvoirs de l'État !

Enfin, dans une assez longue étude, j'ai traité des diverses espèces de mensonges, de ceux surtout qui ont le plus ordinairement cours dans les relations sociales, et dans certaines professions, comme les médecins, les avocats, les hommes d'affaires, les journalistes. Mentir est un mal sans doute, mais n'est-il jamais permis de mentir? Moraliste moins sévère que Kant, mais sans avoir mérité, je crois, d'être rangé parmi les casuistes relâchés, j'ai admis que la grande règle de dire la vérité pouvait souffrir des exceptions. Il n'en est point quand il s'agit de mentir pour notre propre bien et surtout pour le mal d'autrui; mais il y en a soit dans ces circonstances insignifiantes pour le maintien de l'harmonie entre les membres d'une même société, soit dans des circonstances graves pour empêcher un plus grand mal.

L'hypocrisie est aussi un mensonge, mais

un mensonge continu non seulement en parole, mais en action. Les hypocrites de religion et de piété sont devenus rares; il y aurait aujourd'hui beaucoup plus de perte que de profit à feindre des sentiments religieux. Mais ce n'est pas de l'hypocrisie de garder extérieurement des marques de respect, sans nulle vue intéressée, pour une foi qu'on n'a plus. Ici se présentent un certain nombre de questions délicates que je me suis efforcé de traiter sans choquer et scandaliser personne.

Plus nombreux sont les hypocrites d'impiété que de piété; plus nombreux surtout et plus dangereux sont les hypocrites en politique, hypocrites de toutes les couleurs et de tous les partis, hypocrites d'amour de la patrie, hypocrites d'amour de la liberté et de l'égalité. Combien n'importe-t-il pas de démasquer ces hypocrites qui nous mènent à la honte et à la ruine!

Tels sont les divers sujets qui, réunis par ce lien de la morale pratique, m'ont paru faire la matière suffisante de ce nouveau volume. J'espère que le public lui sera indulgent en raison de l'esprit qui l'anime, et que je résume en ces quelques mots : la sincérité avec soi et avec les autres, l'amour du bien, l'honnêteté, la droiture en toutes choses, même en politique.

FRANCISQUE BOUILLIER.

QUESTIONS DE MORALE PRATIQUE

PREMIÈRE ÉTUDE

DES ALTÉRATIONS DU SENS MORAL ET DE LA FAUSSE CONSCIENCE

I

DE LA FAUSSE CONSCIENCE

Sens moral inhérent à la nature humaine. — Pourquoi il n'est ni sûr ni infaillible. — Altérations collectives de la race, de l'époque, du milieu. — Altérations individuelles. — Différence de responsabilité entre les unes et les autres. — De la fausse conscience. — Un hommage indirect à la conscience droite. — Comment se forme une fausse conscience. — Du grand nombre des consciences plus ou moins faussées. — Un sermon de Sterne sur la fausse conscience dans *Tristram Shandy*. — Qui est assuré d'avoir une bonne conscience? — De la fausse conscience, selon Bourdaloue, chez les courtisans et les hommes au pouvoir. — Vérité des analyses de Bourdaloue appliquées au temps présent. — Raffinements croissants des fausses consciences par la multiplicité des affaires, des intérêts, des ambitions. — Des fausses consciences dans les affaires et dans la politique. — Conscience des hommes au pouvoir différente de celle des autres hommes.

En dépit des objections des écoles empiriques, anciennes et modernes, nous persistons à croire à l'existence d'un sens moral universel qui a pour propre objet le bien et le mal, qui nous éclaire sur ce que nous devons ou sur ce que nous ne devons pas faire. Ce sens moral, suivant nous, consiste uniquement, comme nous l'avons développé ailleurs [1], dans la conscience que nous avons de notre nature propre et de sa dignité. C'est à lui que tous les hommes en ont appelé en dernier ressort depuis le commencement et en appelleront jusqu'à la fin des siècles, de ce qui est juste ou injuste en toutes choses, dans les individus et dans les gouvernements, et jusque dans les lois elles-mêmes. Tel est le guide naturel que chacun porte en soi pour le détourner du mal et le conduire au

1. *De la Vraie Conscience,* in-18.

bien. Ce guide naturel est-il cependant toujours bien sûr? Que de fois il se tait, ou se fait à peine entendre, quand il devrait parler le plus haut! Que de fois le chemin qu'il a montré, ou qu'il a semblé montrer, n'était pas le droit chemin! Que de fois enfin ses indications ont reçu des interprétations diverses ou même contradictoires! On dit que le remords accompagne ceux qui méconnaissent cette voix intérieure; mais bien des grands coupables ne dorment-ils pas tranquilles avec la conscience en paix? Combien d'ailleurs qui, pour se justifier eux-mêmes à leurs propres yeux, faussent et dénaturent ce sens moral, sans parler de ceux qui, l'ayant étouffé, font désormais le mal sans nul scrupule et en pleine connaissance de cause? Infiniment plus nombreux sont ceux qui, au lieu de le braver de front, cherchent à ruser et à biaiser avec ce juge importun, et qui se forgent une conscience particulière, artificielle, au service de leurs intérêts et de leurs passions. Indélicats, malhonnêtes, à force de faux raisonnements, ils finissent par se persuader plus ou moins qu'ils avaient le droit de faire ce qu'ils ont fait et que la conscience n'a rien à leur reprocher.

Il en est des nations comme des individus; combien dans le passé et même dans le présent, parmi les plus civilisées, auxquelles a manqué, dans les choses les plus graves, le sens de ce qui est juste ou injuste? Combien ont mis la force à la place du droit? Enfin, à une première vue, l'histoire même tout entière, avec la diversité, suivant les temps et les lieux, des notions de justice ou d'injustice, avec tant de pratiques monstrueuses qui ont été en honneur, semble protester contre ce sens moral que nous attribuons à tous les hommes.

Notre but n'est pas de refaire une réponse déjà faite bien des fois aux objections historiques contre l'existence d'une loi universelle de justice. Nous voulons seulement montrer ici comment la conscience s'altère, dans les individus, sans que néanmoins on puisse nier qu'elle existe, pas plus qu'une loi n'est effacée d'un code quelconque pour être plus ou moins souvent violée. D'ailleurs, nous pouvons induire du petit au grand, de ce qui se passe dans la conscience de l'individu à ce qui se passe dans la conscience d'un peuple tout entier en qui, de même façon, elle s'altère, par les mêmes causes, par les intérêts et les passions. De même aussi, chez les uns et chez les autres, chez les individus les plus pervertis, comme chez les peuples les plus barbares, à travers toutes les éclipses et toutes les ténèbres, des lueurs intermittentes se montrent qui attestent l'existence de cette même loi morale souvent méconnue, mais non moins souvent reconnue et invoquée. Il en est de ces erreurs du sens moral comme des prétendues erreurs des sens extérieurs : ce ne sont pas les sens extérieurs qui nous trompent, c'est nous qui nous trompons en altérant, en faussant leur témoignage. De même le sens moral ne nous trompe pas; mais c'est nous, à vrai dire, qui nous trompons, soit en refusant de l'entendre, soit en altérant et faussant à plaisir ce qu'il nous commande de faire ou de ne pas faire.

Le sens moral ou la conscience serait sans doute un guide plus infaillible et plus sûr, si rien au dedans de nous ne nous empêchait de l'écouter, ou ne nous sollicitait à lui faire dire autre chose que ce qu'il nous dit réellement. Suivant la remarque profonde de Leibniz, nos jugements moraux seraient aussi exacts et rigoureux que des déductions d'axiomes et de définitions géométriques, si rien n'allait à la traverse, s'ils ne contrariaient nos penchants, nos besoins, nos passions et surtout nos intérêts. Otez l'intérêt et la passion, si souvent en désaccord avec la droite conscience, combien moins y aurait-il de consciences altérées ou faussées!

Il peut paraître étrange que la conscience cherche à se tromper elle-même. Que nous cherchions à tromper les autres, ou que les autres cherchent à nous tromper, rien sans doute n'est plus immoral, mais il n'est rien aussi dont il soit plus facile de se rendre compte. Voici un acte qui tout d'abord m'est clairement apparu comme déshonnête, je puis néanmoins le faire, étant libre, et passer outre; mais comment puis-je vouloir me tromper moi-même, faire passer pour innocent à mes yeux ce qui, à mes yeux, est criminel? Comment quelqu'un peut-il devenir sa propre dupe? Il y a là, à ce qu'il semble, une sorte de cercle vicieux. Où sont les deux personnages que réclame toute espèce de tromperie, à savoir le trompeur et le trompé, le fourbe et la dupe? Il n'y en a pas deux, mais un seul qui est moi-même. « Qui donc trompe-t-on ici », comme dit Basile dans *le Barbier de Séville*. Autant au jeu d'échecs faire jouer ma main droite contre ma main gauche, autant chercher à me voler moi-même en faisant passer mon argent d'une poche dans l'autre, que de chercher à me mentir à moi-même.

Il n'est pas besoin cependant de descendre bien avant dans le cœur humain pour y trouver l'explication de cette énigme, si singulière en apparence, de la fausse conscience. Disons d'abord qu'il ne faut pas la confondre avec la conscience erronée, telle que l'entendent les théologiens. La conscience erronée peut être l'effet d'une ignorance invincible qui ne laisse subsister aucune responsabilité; tandis que la fausse conscience est de notre fait et n'admet pas d'excuse.

On a dit de l'hypocrisie qu'elle est un hommage rendu à la vertu; j'en dirai autant de cette hypocrisie tout intérieure, et, à notre propre regard, de la fausse conscience. La fausse conscience est un hommage indirect rendu à la droite conscience par ceux-là mêmes qui s'apprêtent à s'en écarter. Ne calomnions pas l'espèce humaine; ne la faisons pas plus perverse qu'elle n'est en réalité. Je crois avec Voltaire que bien peu d'hommes sont assez endurcis pour dire tranquillement dans le fond de leur cœur :

Qu'il est beau, qu'il est doux d'opprimer l'innocence!

Sans doute il n'y a que trop dans le monde de gens corrompus et pervers, de méchants et même de scélérats. Mais il en est peu qui le soient en toute franchise avec eux-mêmes et, pour ainsi dire, dans la sincérité de leur cœur. Les vrais monstres, ceux en qui le sens moral fait totalement défaut et qui commettent le mal sans sourciller, sans nulle répugnance, et en se l'avouant franchement à eux-mêmes, sont moins communs qu'on ne le pense. Ce qui est plus commun, ce sont les demi-monstres, en quelque sorte, c'est-à-dire ceux qui ne se débarrassent pas de la droite conscience sans y mettre au moins quelques façons. Ils ne vont pas de front contre elle; ils prennent des biais; ils imaginent une foule de subterfuges pour essayer de se donner le change à eux-mêmes : de là tant de fausses consciences dans le monde sur lesquelles les moralistes n'ont peut-être pas encore tout dit. Voyons donc comment à la place de cette conscience droite, mais importune, du devoir à accomplir, s'insinue peu à peu au dedans de nous une autre conscience, de notre façon, qui s'accommode mieux avec nos passions et nos intérêts; voyons surtout comment nous devons nous mettre en garde contre les pièges que sans cesse nous tendent ces passions et ces intérêts. Qu'il faut être en effet vigilant, et vigilant à toutes les heures, pour ne jamais se croire autorisé, en aucune circonstance, et sous aucun prétexte, à s'écarter de la voie étroite du devoir!

Parmi ces altérations de la conscience, les

unes sont collectives, les autres personnelles. Il importe de ne pas perdre de vue cette distinction pour faire équitablement la part des responsabilités. J'appelle altérations collectives celles qui sont communes à tout un peuple, et même à toute une époque. Elles sont le fait de la race, du milieu, du temps, plutôt que de l'individu lui-même; elles lui ont été imprimées presque en naissant. Ce sont des défigurations morales analogues à ces défigurations physiques que certains sauvages font subir à la face et aux membres du nouveau-né. De là, pour un grand nombre, de vrais cas d'ignorance invincible qui ne laissent plus aucune place à la responsabilité.

Il n'en est pas de même des altérations personnelles; elles sont le fait et le propre de l'individu lui-même; il ne les a pas reçues en quelque sorte du dehors; lui-même il en est l'artisan. Les causes générales qui ont engendré et qui ont maintenu plus ou moins longtemps ces altérations collectives qui sont propres à tel ou tel peuple, les lumières, les événements qui les ont fait disparaître, sont une des parties les plus intéressantes, sinon la principale, de l'histoire de la civilisation. J'y ai touché dans une étude sur la justice historique où j'ai plaidé en leur faveur les circonstances atténuantes; j'ai réclamé plus d'indulgence qu'on en a d'ordinaire pour le passé, mais par contre plus de sévérité pour le temps présent [1]. Avec les progrès de la civilisation et des lumières s'accroissent en effet, pour les nations, comme pour les individus, la connaissance du mal et la part de la responsabilité. Je laisse aujourd'hui de côté ces altérations collectives, qui touchent autant à l'histoire qu'à la morale, pour ne traiter que des altérations individuelles. Elles sont nombreuses, elles sont à divers degrés et sous diverses formes, non pas seulement chez quelques-uns, mais chez la plupart d'entre nous. Qui peut en effet se flatter que, dans la pratique des hommes et des affaires, sa conscience morale n'a rien perdu, par tel ou tel endroit, de sa pureté et de sa droiture ?

Si cette étude présente quelque intérêt, elle le

[1]. *Études familières de psychologie et de morale*, in-18, Hachette et Cie.

devra, pour la plus grande part, aux emprunts que je vais faire, soit à des moralistes profanes, soit à des orateurs de la chaire les plus versés dans la connaissance du cœur humain. Il en est deux surtout que nous consulterons, Bourdaloue et Sterne. Peut-être quelques-uns s'étonneront-ils que nous placions à côté l'un de l'autre un des plus graves orateurs de la chaire et l'auteur de *Tristram Shandy*. Mais dans le plus humoriste des écrivains anglais, et parfois le moins sérieux, du moins en apparence, il y a un fin et pénétrant moraliste. D'ailleurs Sterne a rempli des fonctions ecclésiastiques dans l'Église d'Angleterre ; il a composé des sermons qu'il a publiés sous le titre peu respectueux, ce dont il fut blâmé, d'*Yorick*, le bouffon de la tragédie d'*Hamlet*.

Dans *Tristram Shandy*, cet ouvrage si étincelant de verve, d'esprit, de folie, et aussi de bon sens, il a imaginé, au milieu de tant d'autres digressions, toutes plus inattendues les unes que les autres, de glisser un de ses sermons où il se rencontre précisément avec Bourdaloue sur ce même sujet de la fausse conscience. Comment ce sermon se trouve-t-il en pareille place? Il est tombé, par le plus grand des hasards, d'un in-folio sur l'art des fortifications qu'a envoyé querir l'oncle Tobie pour décider une question militaire en litige. Le caporal Trim, son fidèle serviteur, a ramassé le manuscrit, et aussitôt il a été invité à le lire devant le petit cercle d'amusants originaux que Sterne a mis en scène. Le caporal s'en acquitte d'autant plus volontiers et d'autant mieux, qu'il a été, pendant deux ans, clerc de l'aumônier de son régiment. Sterne nous le représente debout au milieu de la salle, dans l'attitude convenable à un prédicateur, et se penchant suivant le véritable angle persuasif d'incidence qui est, nous dit-il, de 85 degrés sur l'horizon. Je recommande en passant à tous les discoureurs et orateurs cet angle persuasif d'incidence dont la mesure nous est donnée par Sterne.

Quoique le cadre soit comique, et même bouffon, le sujet n'en est ni moins grave ni moins sérieux. Sommes-nous assurés d'avoir une bonne conscience? Tel en est le texte, emprunté à saint Paul. Rien n'importe plus, dit Sterne, que de savoir si nous avons en effet une bonne conscience. Or combien là-dessus se font illusion, et se persuadent l'avoir bonne, alors qu'ils l'ont mauvaise ! Qu'ils sont nombreux ceux qui se rassurent à tort et qui persévèrent jusqu'au bout dans la fausse paix de leur âme, quoique au sein du mal et de l'iniquité ! Parce que leur conscience, telle qu'ils l'ont refaite à leur gré, ne leur reproche plus rien, ces pécheurs endurcis s'imaginent être des gens de bien. Comment s'expliquer une semblable illusion, puisque tous nous avons sous les yeux tous les fils de cette trame d'une fausse conscience, puisque c'est nous-mêmes qui l'avons tissée d'un bout à l'autre, puisque tous les motifs en vertu desquels nous agissons, sont essentiellement nôtres ? Comment comprendre qu'il en soit un seul dont la vraie nature puisse nous échapper, et dont nous n'ayons pas au dedans de nous la confidence intime et complète ?

Nous ne nous tromperions pas en effet, selon Sterne, si notre conscience ne s'endurcissait pas par une longue habitude du mal, comme certaines parties du corps par le frottement et par un travail continu. « La conscience ne nous tromperait pas, s'il n'arrivait pas que l'orgueil et l'amour-propre fissent changer notre jugement, si le vil intérêt, qui répand si souvent des nuages obscurs et ténébreux sur notre esprit, n'enveloppait pas nos facultés; si la faveur, l'amitié, l'amour, les préventions ne dictaient pas nos décisions; si les présents ne nous corrompaient pas; si l'esprit ne devenait jamais l'apologiste d'une cause injuste, et si la passion dans les tribunaux ne portait pas la sentence, au lieu de la raison qui seule devrait nous servir de guide. »

Cependant la conscience a deux sortes d'offices : d'une part, elle approuve; de l'autre, elle condamne. Quand elle nous condamne, c'est en général à fort bon droit, et il n'y a pas lieu d'en appeler; mais il n'en est pas toujours de même quand elle nous approuve. Il arrive que nous nous croyons sans reproche, et que notre conscience nous laisse tranquilles, quand nous sommes coupables; mais cette conscience n'est rien moins que sûre. Emportés par ce tourbillon dans lequel nous vivons, combien de nous en est-il auxquels le temps reste de consulter et d'écouter leur conscience? Il a bien d'autres affaires que de vous écouter, disait ironiquement le prophète Élisée aux adorateurs de Baal. Peut-être est-il en train de quelque négociation, peut-être est-il en voyage, peut-être il dort.

De même, selon Sterne, en est-il de la conscience d'un homme corrompu, vicieux, intrigant, ambitieux qui sacrifie tout à son ambition et à ses plaisirs; il a bien d'autres affaires que d'écouter sa conscience. D'ailleurs, endurcie et faussée, elle ne lui dit plus rien, ou si elle lui dit encore quelque chose, c'est un si faible murmure qu'il ne l'entend pas. Ils dorment, ils meurent paisiblement, persuadés qu'ils n'ont rien à se reprocher, ces avares dont le cœur sans compassion a été fermé à la pitié et à toutes les misères humaines, ces hommes d'affaires coupables d'avoir ruiné tant de dupes. Cherchez un état qui ne fausse plus ou moins la conscience par quelque endroit et qui ne l'habitue à certaines indélicatesses. Il y a, dit-on, des grâces d'état; de même peut-on dire qu'il y a des malhonnêtetés d'état. Les mauvaises actions que la conscience réprouve sont celles, prenons-y garde, qui ne nous concernent pas, ou qui ne sont conformes ni à nos inclinations ni à nos habitudes. Quant aux autres, elle s'efforce de les colorer de prétextes spécieux et de les parer de fleurs.

Ainsi, malgré ce moniteur que Dieu a placé au dedans de chacun de nous, il nous arrive de nous tromper nous-mêmes, faute de lui prêter l'oreille, ou parce que nous nous appliquons à le faire parler comme il nous plaît. Voilà pourquoi nous ne pouvons nous fier à notre conscience, même quand elle ne nous reproche rien, si nous avons négligé de veiller sur elle, et aussi de la contrôler par la loi de Dieu, par les enseignements de la religion et de la morale absolue. Plût à Dieu qu'il fût toujours vrai, comme on le lit dans un grand nombre de livres de morale, et suivant la thèse en quelque sorte classique des moralistes, que le remords, à défaut de tout autre châtiment, suivît toujours le crime comme son ombre! Mais il faut convenir, avec Sterne, que dans la réalité il y a beaucoup à rabattre de ce lieu commun de morale. Les exceptions sont nombreuses, surtout si l'on ne confond pas avec le remords le regret de n'avoir pas réussi, d'avoir mal combiné ses mesures, de s'être laissé surprendre par maladresse, et d'avoir été soi-même victime de la fraude qu'on avait ourdie. Méfions-nous donc, et en nous-mêmes et dans les autres, de ces trompeuses apparences d'une bonne conscience qui peut n'être qu'une conscience fausse à tel ou tel degré de cécité et d'endurcissement.

Après avoir, avec Sterne, appelé l'attention sur ces altérations de la conscience, nous avons à montrer comment elles naissent et se développent, même dans des âmes qui paraissaient prédestinées au bien et à la vertu, et aussi comment on peut s'en préserver ou les guérir. L'auteur de *Tristram Shandy* nous a fait voir le mal dans toute son étendue, plutôt que dans son origine et dans ses degrés successifs; il nous en montre les ravages, plutôt qu'il n'en indique les remèdes. Or ces progrès et aussi ces remèdes du mal sont le sujet du beau sermon de Bourdaloue qui nous fait pénétrer dans les plis et les replis de la fausse conscience.

Ces fausses consciences, qu'il met à nu impitoyablement, sont, il est vrai, celles de la société de son temps et surtout de la cour et des courtisans; mais le cœur humain et ses passions n'ont pas changé depuis Louis XIV; les fausses consciences d'aujourd'hui sont au fond les mêmes que celles d'autrefois. C'est de la même façon, par les mêmes détours et par des motifs analogues, que nous nous efforçons de nous excuser nous-mêmes, quand nous nous écartons de la voie droite. Je croirais même que, depuis Pascal et Bourdaloue, nous avons fait certains progrès dans cette mauvaise casuistique intime, un progrès correspondant au nombre, à la complexité croissante des intérêts et des affaires, comme aussi des tentations et des occasions de dérober ce qui est à autrui. Ajoutez la politique, les élections, le suffrage universel, l'accès possible pour tous des honneurs et des places, y compris la première de toutes dans la république, et mesurez combien s'est agrandi le champ, jadis restreint, de l'ambition, de l'intrigue, de l'envie. De là des aliments nouveaux, des raffinements, des sophismes de la fausse conscience dans des classes de plus en plus nombreuses de la société contemporaine.

Je ne sais si nos aïeux faisaient plus de bien, mais ils étaient plus simples dans la manière de faire le mal. En remontant haut dans le passé, en allant jusqu'aux temps ou aux peuples barbares, l'état social, les relations, les intérêts et les mœurs donnaient moins de prise aux finesses et aux duplicités de la fausse conscience. La force ouverte, la violence, sans nul souci de l'apparence de la légalité ou du bon droit, la passion aveugle, l'emportaient chez ces barbares ou ces hommes moins civilisés, sur les ruses, les biais, les chicanes avec soi-même et avec les autres. Il n'y avait pas encore tant d'articles de loi à torturer, tant d'affaires à embrouiller, tant de pièges à tendre à la simplicité d'autrui.

Déjà il n'en était plus de même au siècle de Bourdaloue. Combien d'incitations à la fausse conscience dans la misère dorée des courtisans, dans la diversité des lois, des procédures, des coutumes, des tribunaux, des juridictions, dans les spoliations légales ou par décision du souverain, au défaut de spoliations par la violence ! Combien les gens en place, les courtisans, les grands seigneurs, les ministres, jusqu'aux simples commis, étaient enclins à se persuader qu'ils étaient en droit d'abuser de leur crédit ! De nos jours, où les formes nouvelles de la spéculation et de la richesse ont multiplié et facilité les moyens de porter préjudice à autrui et de faire des dupes, où chacun aspire à s'enrichir vite à tout prix et à jouir, cette grande plaie morale des fausses consciences n'a fait que s'envenimer et s'étendre. Rien donc ne serait plus à propos et plus salutaire, si nous avions chance d'être écouté, que de faire quelques applications du sermon de Bourdaloue à la société actuelle.

Tout homme naît avec certains sentiments d'honnêteté : une fausse conscience n'est pas chose spontanée ni l'œuvre du jour. Nous suivons dans Bourdaloue, pas à pas, pour ainsi dire, cette corruption progressive, cette perversion plus ou moins complète du sens moral qui finit par recouvrir, à nos yeux, les choses les plus malhonnêtes d'une apparence d'honnêteté, qui nous fait regarder comme licite, non ce qui est juste, mais ce qui nous est avantageux ou nous agrée. Le principe de toutes les fausses consciences est dans le texte de saint Augustin, admirablement développé par le grand prédicateur : Tout ce que nous voulons est bien (Omne quodcumque volumus bonum est). Au lieu de régler nos désirs et nos actions sur la conscience, c'est notre conscience que nous réglons sur nos actions et nos désirs.

Si nous nous faisons une fausse conscience, selon notre cœur et nos passions, plus souvent encore la faisons-nous suivant nos intérêts. Que notre intérêt ne soit en jeu à aucun degré, nous voyons naturellement clair, en fait d'équité, dans telle ou telle affaire; nous faisons équitablement la part de chacun; nous discernons très bien la limite entre ce qui est permis et ce qui ne l'est pas, la conduite qu'il eût fallu tenir au lieu de celle qu'on a tenue. Mais sitôt que notre intérêt s'y mêle, cette vue, tout à l'heure si claire, se trouble et s'obscurcit ; nous cherchons quelque autre biais pour prendre les choses, de sorte qu'elles commencent à nous apparaître sous un autre jour. D'abord nous n'avions point de doute sur la seule voie légitime à suivre ; maintenant nous commençons à en avoir. Bientôt, par un nouveau degré d'illusion volontaire, du doute nous passons à une sorte de persuasion que le droit n'est pas du côté où nous l'avions vu d'abord, mais du côté opposé, c'est-à-dire du côté où est notre intérêt. Chacun par devers soi est singulièrement habile, plus habile que tous les casuistes que Pascal a mis en scène dans les *Provinciales*, pour justifier le pire parti, s'il lui est le plus avantageux. Après avoir plus ou moins longtemps disputé avec sa conscience, on la contraint, de guerre lasse, à céder et à se plier à ce que veulent d'elle l'égoïsme, l'intérêt, la passion.

Un des meilleurs auteurs comiques de ce temps-ci a mis en scène, avec autant d'esprit que de vérité d'observation morale, ces débats intérieurs, ces luttes fréquentes, dans plus d'une conscience, entre un reste de scrupule et d'honnêteté et l'appât d'un gain au prix d'une friponnerie. Les personnages sont deux bons bourgeois qui discutent entre eux sur les moyens de rester honnêtes, tout en dérobant à une pauvre domestique un héritage de plusieurs millions [1]. Il y a eu sans nul doute des débats de ce genre dans quelques familles à propos de testament à cacher ou détourner, à la suite desquels ce n'est pas toujours l'honnêteté qui a triomphé, comme dans la pièce que je viens de citer.

On n'en finirait pas à énumérer tous les compromis des hommes d'affaires avec leur conscience, ni toutes les indélicatesses avec lesquelles ils se familiarisent et dont ils trouvent moyen de s'absoudre. Ils ne font après tout, pensent-ils ou même osent-ils dire, que ce que fait tout le monde, que ce que chacun ferait à leur place. Une fois sur cette pente, ils s'y laissent glisser de plus en plus; une première fraude

---

[1]. *Gotte*, par Henri Meilhac. Dans un roman de Claretie, *le Million*, il y a un cas de conscience intéressant et bien étudié au sujet d'un testament dissimulé.

en appelle une seconde, puis une autre encore qui renchérit sur les précédentes. S'ils ont perdu, s'ils ont été trompés, les moins malhonnêtes se croient en droit de tromper à leur tour, comme celui qui a reçu de la fausse monnaie s'imagine avoir le droit de la faire passer à d'autres. Ne faut-il pas rentrer dans ses fonds, rattraper ce qu'on a perdu, pour soi d'abord et, s'il reste quelque chose, pour ses actionnaires? On se joue de la fortune d'autrui pour faire la sienne. Les affaires, a dit Emile Augier, sont l'argent des autres [1]. Quelle satire en trois mots des mœurs financières du temps présent!

Si tant de consciences se faussent et s'abusent à plaisir, quand il s'agit de faire tort à des particuliers qui ont eu confiance en nous, combien moindres sont en général les scrupules quand il s'agit de faire tort à un être collectif, à quelque grande compagnie, à une ville entière et surtout à l'État!

La bonne conscience, celle qui parle la première, nous a bien dit d'abord qu'il n'est jamais

---

1. *Les Effrontés.*

permis de tromper, pas plus dans un cas que dans un autre, mais on a bientôt fait de la réduire au silence ou de lui faire tenir un autre langage. Facilement plusieurs se persuadent que léser tout le monde, c'est ne porter préjudice à personne. Qu'importe à l'État le tort minime que je lui cause par telle ou telle fraude? Cette somme retenue ou détournée, quoique due, n'est rien pour l'État, c'est comme une goutte d'eau dans l'Océan, tandis que pour moi, pour les miens, c'est beaucoup.

Il y a des personnes pieuses, et d'ailleurs d'une grande délicatesse, qui ne se font aucun scrupule de mentir effrontément à un douanier et qui, au lieu de remords, éprouvent un certain plaisir à penser qu'elles ont volé la ville ou l'État, surtout sous le règne de la république. Y aurait-il donc des directeurs de conscience plus ou moins relâchés à cet endroit de la morale, et trop portés à l'indulgence et au pardon pour ce genre de mensonges et de fraudes? Il semble me souvenir que, sous l'influence des idées religieuses, on voyait autrefois, surtout aux environs de Pâques, un certain nombre de restitutions à l'État enregistrées dans les colonnes du *Journal officiel*; je crois qu'on n'en voit plus guère, si l'on en voit encore. Est-ce donc qu'on s'acquitte plus consciencieusement de tous les droits, ou n'est-ce pas plutôt que le scrupule est moindre de frauder, même avec tous les enseignements de la morale civique? Cependant qu'adviendrait-il de notre pauvre trésor public et de tous les services, sans lesquels la société ne saurait subsister, si chacun prenait la même licence?

Ce n'est pas, selon Bourdaloue, chez le commun des mortels, chez les plus pauvres et les moins éclairés, mais chez les gens en place et à la cour qu'on rencontre les consciences les plus profondément faussées. Il n'y a plus de cour, il est vrai, aujourd'hui, mais il y a, en plus grand nombre que jamais, des hommes publics, des fonctionnaires de tous les degrés, des ministres, des préfets, des députés, des sénateurs auxquels s'applique tout ce que nous dit Bourdaloue de la fausse conscience des courtisans et des grands seigneurs de son temps. Il suffit de changer un mot et de mettre la politique au lieu de la cour, comme d'ailleurs le fait plus d'une fois Bourdaloue lui-même. « Le ressort de la conscience est souvent, dit-il, affaibli par la politique, ou plutôt la politique est presque toujours la règle de leurs plus importantes actions.... C'est là où la vue de se maintenir, où l'impatience de s'élever, où la crainte de déplaire, l'envie de se rendre agréable, forment des consciences qui, partout ailleurs, passeraient pour monstrueuses, mais qui, se trouvant autorisées par la coutume et l'usage, semblent y avoir acquis un droit de possession et de prescription. »

Ne sont-ce pas là les mêmes ressorts qui font mouvoir nos hommes politiques, petits ou grands, avec la différence que ces ressorts sont plus grossiers et se voient mieux à découvert? Ces consciences monstrueuses, comme dit Bourdaloue, semblent s'être multipliées à mesure qu'il y a plus d'hommes politiques ou aspirant à le devenir. Combien se figurent tout permis, soit pour assurer les chances d'une élection ou d'une réélection quelconque, soit pour arriver à telle ou telle place, soit surtout pour mettre la main sur un portefeuille! Quant à leur conscience, ils l'ont jetée avec leurs promesses ou leurs votes au fond de l'urne électorale ou de l'urne de la Chambre. C'est même peut-être leur faire trop d'honneur que de dire qu'ils ont une fausse conscience; il serait plus exact de dire qu'ils sont dégradés au point de n'en avoir plus aucune. Ils l'ont abandonnée aux mains de tel ou tel comité ou club, de tel ou tel parti qui les fait tourner et voter dans le sens qui lui plaît. Désormais ils ne pensent plus que ce que leur comité pense, ils ne veulent plus que ce que le parti veut. Pour eux le mandat impératif a remplacé l'impératif catégorique de Kant. Lors même que les grands principes de la morale ou de la religion sont en question, lorsqu'il s'agit d'atteintes profondes à la liberté de conscience, ils votent contre leurs sentiments intimes, contre les sentiments dont ils avaient témoigné toute leur vie, avant d'être candidats, députés ou sénateurs de la Gauche républicaine. Ils votent à contre-cœur, il est vrai, mais avec une admirable docilité. Quelques-uns même ont l'impudeur de s'en faire un mérite ; ils veulent qu'on leur sache gré de s'immoler au mot d'ordre, à la discipline de leur parti, de rester jusqu'au bout fidèles à des engagements qu'ils n'ont pris que par ambition ou par lâcheté et faiblesse. Ce sont, à les croire, comme de nouveaux Décius qui se sacrifient, eux et leur conscience, à l'intérêt supérieur de la république.

Si, en dehors de ces grands et tristes votes attentatoires à la liberté et à la tolérance religieuse, vous considérez les intrigues quotidiennes de la vie parlementaire et politique, que de compromis avec soi-même et avec les autres, pour garder ou pour gagner une majorité électorale, pour faire donner des places à ses amis et pour perdre ses adversaires ! Point de délation, si vile, si fausse qu'elle puisse être, qui, venant d'un certain côté, ne soit accueillie et n'atteigne son but. Plus de justice administrative, rien que des passe-droits, des faveurs et des privilèges, sous un prétendu régime d'égalité. La politique n'est pas toujours seule à intervenir dans ces faveurs et ces privilèges ; plus d'un a été convaincu d'avoir trafiqué de sa position et d'avoir vendu son influence à un bon prix, sans qu'il ait paru que sa conscience lui reprochât quelque chose; plus d'un se persuade qu'il n'y a là qu'une juste rémunération de sa peine, de ses déboursés pour frais électoraux et de l'emploi de son crédit. Ainsi ce désordre de la fausse conscience semble-t-il atteindre son plus haut degré dans le monde politique. On dirait que la conscience n'est plus un lien que pour le vulgaire, et que, comme le dit Bourdaloue, les hommes du pouvoir ont un titre « pour se faire une conscience différente en qualité et en espèce de celle des autres hommes »!

II

REMÈDES CONTRE LA FAUSSE CONSCIENCE

Comment une conscience fausse pourra-t-elle se redresser elle-même? — Cercle vicieux apparent. — Lucidité de la conscience quand l'intérêt propre n'est pas en jeu. — Rectitude de nos jugements sur les actions d'autrui. — Une grande règle de pratique morale : Se juger soi-même comme on juge les autres. — Critérium de Kant moins à la portée de tous. — Distinction de la fausse conscience et de la conscience perplexe. — Une conscience faussée n'exclut pas la responsabilité. — Des cas d'ignorance invincible. — Si la responsabilité n'est pas dans l'acte lui-même, elle est dans les antécédents. — Du fanatisme religieux et politique. — Un vers odieux. — Substitution par l'hypnotisme d'une conscience étrangère à la conscience propre du sujet. — Abus criminels des pratiques hypnotiques. — Appel aux magistrats et aux lois pour faire respecter la personnalité humaine. — Le trouble dans la justice criminelle. — Double responsabilité de l'hypnotiseur et de l'hypnotisé.

Quand il y a doute sur ce qui est juste ou injuste, c'est à la conscience qu'on doit en appeler, mais si la conscience est fausse, quelle sera la valeur de cet appel? Il semble qu'il y ait là encore un cercle vicieux, comme quand on cherche à se tromper soi-même. La conscience étant la règle suprême, comment se rectifiera-t-elle, si elle-même elle a besoin d'être rectifiée? Autant, à ce qu'il semble, prendre une fausse balance ou une fausse mesure pour avoir le poids et la dimension de tel ou tel corps. Il y aurait là en effet un cercle vicieux si la conscience tout entière, et dans tous ses jugements, était également corrompue. Mais cette corruption totale est une monstruosité tout à fait exceptionnelle; une société même de brigands ne saurait subsister, comme le dit Cicéron, sans quelques restes, quelques lueurs de la notion de justice.

Une conscience fausse ne l'est pas en tout et pour tout; d'ordinaire, nous l'avons déjà dit, elle ne l'est pas quand ni l'intérêt ni la passion ne sont en jeu; sur certains points elle garde une lucidité partielle qui peut servir à dissiper des nuages accumulés sur d'autres. Grâce à ces lueurs, il reste possible de discerner en nous-même cette conscience, que seule il faut écouter, de cette autre conscience dont il faut repousser les suggestions perfides. Pour faire ce discernement il n'est pas besoin de recourir à quelque règle savante, empruntée aux philosophes anciens ou modernes ou à de subtils casuistes, règle qui aurait le tort grave de ne pas être à la portée du grand nombre. C'est de la conscience de chacun, bien que plus ou moins altérée, que nous pouvons la dégager. Pour être bien simple, elle n'en sera ni moins juste, ni surtout moins efficace. Faut-il juger la conduite du prochain dans telle ou telle circonstance où nous ne sommes pas intéressés, les consciences les plus perverties retrouvent leur lucidité et leur justesse. On ne voit pas, il est vrai, la poutre dans son œil, mais on voit la paille dans l'œil d'autrui. Cette vérité est mise en scène par La Fontaine dans sa fable de *la Besace*, dont je rappelle la conclusion :

> Le fabricateur souverain
> Nous créa besaciers tous de même manière,
> Tant ceux du temps passé que du temps d'aujourd'hui :
> Il fit pour nos défauts la poche de derrière
> Et celle de devant pour les défauts d'autrui.

Ainsi cette même conscience, si fort engourdie et faussée à notre regard, est à l'endroit des autres merveilleusement éveillée, clairvoyante et sévère; elle a une poche de devant pour les défauts d'autrui. « Pour tout ce qui touche les devoirs des autres, dit Bourdaloue, pour ce qui n'a nul rapport avec nous et avec nos intérêts, c'est-à-dire pour le prochain, chacun est consciencieux jusqu'à la sévérité. Pourquoi? Parce qu'on n'a jamais d'intérêt à être relâché pour autrui, et qu'on a plutôt intérêt à ne l'être pas; parce qu'on se fait aux dépens d'autrui un honneur et un intérêt de cette sévérité. » Nous voulons bien, dit-il encore, une morale étroite, mais pour les autres et non pour nous.

Voilà comment nous retrouvons au sein de la fausse conscience elle-même de quoi, si nous le voulons bien, la redresser. Il s'agit seulement de retourner, pour ainsi dire, sur nous-mêmes cette face avec laquelle nous regardons les autres.

Quand des doutes s'élèvent dans notre esprit sur la conduite à tenir, sur ce qui est bien ou mal, à cause de la difficulté des circonstances ou de la compétition des devoirs, la règle donnée par Kant est sans doute excellente:

Agis d'après une maxime qui puisse être érigée en loi universelle d'action dans tous les temps et tous les lieux. Quand on est tenté de faire tort à autrui, sous quelque prétexte plus ou moins spécieux, comme le peu de gravité du dommage comparé à l'avantage que nous en retirerons, demandons-nous, comme le prescrit Kant, ce qui arriverait de la société des hommes si chacun agissait d'après la même maxime. Il est clair qu'il n'y aurait plus ni foi ni loi dans le monde. Que celui qui serait tenté de se faire justice à lui-même, soumette à cette même épreuve son motif, quel qu'il soit, il verra clairement sans nul doute que la conséquence serait l'état de guerre de tous contre tous et le retour à la barbarie.

Mais comme ce critérium renferme une certaine conception de l'ordre universel, il ne saurait être à la portée de tous. J'ajoute même, comme nous le verrons dans la suite de ces études, que Kant en fait quelques applications contestables et qu'on pourrait retourner contre lui. Bien plus simple, et bien plus pratique au contraire, est la règle de nous juger nous-mêmes comme nous jugeons les autres. Qui donc pourrait la récuser? Avoir deux poids et deux mesures, l'une pour nous, l'autre pour autrui, se passer à soi-même ce qu'on ne veut pas passer aux autres, est une contradiction à laquelle un esprit sain ne peut s'arrêter. Cette méthode morale, si bien analysée, si bien mise en tout son jour et toute sa vérité par Bourdaloue, peut contenter le plus sévère moraliste et suffit à maintenir, ou à rétablir en nous-mêmes, la droiture du sens moral.

Cependant il y a une distinction à faire; toutes les hésitations morales, tous les doutes sur telle ou telle conduite à tenir, ne viennent pas de l'intérêt ou de la passion, tous ne sont pas le fait d'une fausse conscience. Outre les conflits dont nous venons de parler, entre un devoir unique qui s'impose et notre intérêt ou notre passion, il en est d'autres, plus rares, qui résultent de la compétition de deux devoirs dont l'un doit être sacrifié à l'autre. Nous nous gardons bien de mettre au compte des subterfuges d'une fausse conscience ces doutes sincères qui, dans un pareil conflit, peuvent troubler l'âme la plus droite et la rendre légitimement perplexe sur le parti à prendre. Les doutes que seuls nous avons ici en vue, ne naissent pas de la nature même des choses, mais de notre mauvais vouloir. Ce sont des doutes là où il ne devait pas y en avoir, des doutes qui ont pour but, non de faire triompher le plus grand devoir, mais tout au contraire de sacrifier le devoir à nos convenances.

Il y a des degrés divers dans la corruption et la fausseté. Celui qui, avant de faire une mauvaise action, en est encore à hésiter, à se débattre avec lui-même, à chercher des raisons qui le justifient à ses propres yeux, celui en un mot qui a encore des scrupules, est moins corrompu que celui qui n'en a plus. L'homme arrivé au point de se convaincre tout à fait que le mal dont il va se rendre coupable est chose à lui permise, est plus perverti que celui qui n'en est encore qu'à demi persuadé. Mais ici nous rencontrons un grave problème de morale dans le domaine de ces questions relatives à la fausse conscience : celui qui a perdu la conscience du mal qu'il fait, est-il plus excusable, ou l'est-il moins, que celui qui ne l'a plus, ou même ne serait-il pas innocent?

Ce n'est pas ici une question de pure théorie, bonne à discuter seulement dans l'école. En tout temps elle a troublé l'âme des historiens et des moralistes. Presque à chaque session d'assises elle vient s'imposer aux magistrats, aux juges et aux jurés dans l'exercice de leurs fonctions. Se peut-il que la mauvaise foi et la fausse conscience, par une sorte de progrès de perversité, en arrivent à un aveuglement si complet, à une bonne foi si entière dans le mal, qu'il faille absoudre le coupable comme irresponsable, quelque grand que soit son crime? Le dernier degré de l'aveuglement et de l'endurcissement confinerait-il pour ainsi dire à l'innocence, et porterait-il avec lui sa justification?

Le cas d'une conscience si profondément dénaturée par la faute du coupable n'est pas ce que les théologiens appellent des péchés d'ignorance invincible. L'ignorance invincible supprime en effet la responsabilité si elle est absolue, si nous n'y sommes pour rien, si elle nous a pris, pour ainsi dire, dès le berceau, sans que rien par la suite ait pu nous en faire sortir, et alors qu'il n'y a nulle faute, négligence ou mauvais vouloir de notre part. Ces cas réels d'ignorance invincible se rencontrent plutôt dans les altérations collectives, dont nous avons parlé, que dans les altérations individuelles. Elles ont dû être plus nombreuses aux temps passés qu'aujourd'hui, à cause d'un défaut plus général de lumières et de la barbarie commune. Quant à la fausse conscience, en admettant même qu'à un certain degré elle finisse par être invincible, elle ne l'a pas été à ses commencements. Celui qu'elle abuse a travaillé à la fortifier, il s'y est enfoncé comme à plaisir; si elle est devenue invincible, c'est par sa faute.

Dans le siècle où nous vivons, nous pouvons le dire, avec encore plus de vérité que Bourdaloue, il y a généralement trop de lumières pour supposer ensemble une conscience dans l'erreur et une conscience d'entière bonne foi. Il est rare qu'à côté de la fausse conscience ne subsistent encore quelques vestiges du sens moral non altéré, comme d'ailleurs le témoigne cette rectitude avec laquelle les plus pervertis jugent les actions des autres. L'immortelle et céleste voix, si éloquemment invoquée par Rousseau, leur fait encore entendre, quoique faiblement, quelques-uns de ses accents.

Quand elle serait devenue tout à fait muette, quand celui qui fait le mal aurait réussi à se persuader qu'il fait le bien, ce n'est pas à dire que l'absolution doive lui être acquise, pas plus devant les hommes que devant Dieu. Nous n'avons pas seulement à le juger au moment même de l'acte accompli en vertu de cette conviction erronée, mais aussi dans les états antérieurs par lesquels il a passé avant d'arriver à ce comble dernier et fatal d'aveuglement. Il n'y voit plus clair, il est vrai, mais ne s'est-il pas lui-même crevé les yeux pour cesser de voir ce qui contrarierait sa passion et ce qui la condamnait? Rien ne serait plus inique que de l'absoudre. Par-devant la justice humaine et divine, y aurait-il donc meilleur compte à s'enfoncer tout à fait dans le mal qu'à ne s'y enfoncer qu'à demi, avec quelque possibilité de retour au bien ? La perversion totale de la notion de ce qui est juste ou injuste conférerait donc l'impunité et recevrait une sorte de prime et d'encouragement. J'accorde, si l'on veut, que ce criminel, convaincu qu'il agit bien, n'est peut-être pas coupable du crime même qu'il vient de commettre, mais c'est à la condition qu'on m'accorde qu'il est d'autant plus coupable de ce qui a précédé dans sa conscience et dans son cœur. La responsabilité n'est pas supprimée, elle n'est que déplacée ; si elle n'est pas dans l'acte lui-même, elle est dans ses antécédents.

Celui qui, la raison égarée par le vin ou l'alcool, frappe, incendie, tue, pendant un accès d'ivresse, ne sait plus ce qu'il fait; cependant est-il innocent? Je veux qu'il ne soit pas coupable au même degré que le voleur et l'assassin qui ont agi avec préméditation et raison, mais il est responsable de l'état où il s'est mis en connaissance de cause et aussi des suites qu'il a pu prévoir. Il s'est ravalé volontairement au niveau de la brute ; est-ce un titre à faire valoir en sa faveur? Il a fait le mal sans le savoir, mais c'est en le sachant bien qu'il s'est exposé à le faire. La loi qui punit l'ivrognerie est donc une loi juste trop rarement appliquée.

C'est dans l'histoire du fanatisme religieux ou politique que se rencontrent les faits qui semblent les plus embarrassants en faveur de la prétendue irresponsabilité d'une conscience profondément faussée sous l'empire d'une idée ou d'une passion qui l'obsèdent. Il se peut que tel ou tel inquisiteur ait cru faire une œuvre pie en brûlant des hérétiques, ou bien tel ou tel ligueur en les assassinant. Quelques assassins politiques ont cru peut-être bien mériter de leur pays en enfonçant un poignard dans le sein de tel ou tel tyran. Plus la victime est odieuse, comme Marat par exemple, plus l'assassin est assuré de l'indulgence ou même des sympathies et de l'admiration des contemporains et de la postérité. Telle est Charlotte Corday, cet ange de l'assassinat, comme l'a dit Lamartine alliant en son honneur deux mots qui se repoussent mutuellement.

Cependant, ce n'est pas à la première pensée

qui lui en est venue à l'esprit que l'assassin politique s'est persuadé qu'un ordre du ciel, que sa conscience lui faisaient un devoir de frapper et de tuer de sa propre autorité. Sa conscience ne s'est-elle pas d'abord révoltée ou troublée? Avant de se faire à cette pensée, il a hésité, il a lutté. Il a dû lutter encore davantage, le péril à courir mis à part, à la veille même de frapper. Que n'a-t-il écouté sa conscience alors qu'elle n'était pas entièrement faussée? Pourquoi s'est-il grisé en quelque sorte de la pensée du crime? Il y a dans Victor Hugo un vers détestable dont s'inspireront sans doute désormais tous les assassins politiques de rois ou de présidents de république, ou de ministres influents, ou de chefs de parti :

Tu peux tuer cet homme avec tranquillité.

Non, quel que soit cet homme, tu ne le tueras pas sans quelques troubles antérieurs, sinon actuels, de la conscience; tu ne le tueras pas avec tranquillité. Pour me servir d'une expression scolastique, si cet assassin n'est pas cou-

pable *a parte post*, il est coupable *a parte ante*.
En dépit de tous les chantres de *Châtiments*, en
dépit de toutes les haines, de toutes les furies
amassées dans les cœurs, de tous les sophismes
d'une conscience déviée, en dépit même du
sacrifice qu'il fait de sa propre vie, il faut condamner le fanatique qui, en son propre nom,
ou au nom d'une secte, a trempé les mains
dans le sang. Il n'a agi qu'après délibération,
et après une longue préméditation; il n'a pas
même l'excuse de ceux qui ont frappé dans
l'entraînement subit de la passion et sans nul
parti pris d'avance.

C'est une bien vieille question que celle de
la fausse conscience et de la responsabilité au
sein du fanatisme; en voici une plus nouvelle
que suscitent certaines pratiques magnétiques
ou hypnotiques. L'hypnotisme a ici sa place;
non seulement il altère le sens moral de l'hypnotisé, mais il le bouleverse de fond en comble;
il substitue une conscience étrangère à la conscience de l'hypnotisé. Je n'ai pas à examiner
ce qu'il y a de vrai et de faux dans les faits
merveilleux qu'on nous raconte, et où il n'est

pas toujours facile de démêler la part de la vérité et celle du charlatanisme. Ce qui paraît démontré suffit bien d'ailleurs à émouvoir un moraliste et à justifier les réflexions qui vont suivre. Il peut y avoir, disons-le d'abord, quelque emploi légitime de l'hypnotisme dans des cas particuliers de médecine et de chirurgie; mais je voudrais les restreindre, comme l'anesthésie elle-même, à des cas rares et d'une certaine gravité. Il est bon sans doute de ne pas souffrir, mais il est bon aussi de garder, autant que possible, la connaissance et l'empire de soi-même, sans quoi on cesse d'être un homme. Toutefois je ne confonds pas l'anesthésie et l'hypnotisme. L'anesthésie suspend la conscience de soi avec la sensibilité; mais si elle la suspend momentanément, l'opération achevée, elle la laisse intacte au réveil. L'hypnotisme, au contraire, non seulement l'endort, mais l'altère et, ce qui est pire, il substitue une autre conscience, une autre volonté, celle de l'opérateur lui-même à celle du sujet opéré. L'anesthésie peut offrir des dangers pour la vie physique; elle en a endormi plus d'un qui ne s'est pas réveillé; mais elle n'en offre pas pour la conscience et pour la vie morale. Il n'en est pas de même de l'hypnotisme, au dire des hypnotiseurs eux-mêmes les plus accrédités. Aussi l'abus qui s'en fait, par simple curiosité et pour l'amusement des oisifs, nous semble-t-il un scandale et un danger. L'hypnotisme est devenu un spectacle; il fait concurrence aux tours de prestidigitation et de physique amusante.

J'ai entendu dire qu'un chef d'établissement d'instruction publique avait eu l'idée de faire venir, pour divertir ses élèves un jour de fête, un hypnotiseur avec ses meilleurs sujets. Ces expériences du laboratoire de la Salpêtrière transportées sur la scène d'un lycée auraient excité, d'après ce qui m'a été assuré, des accidents graves et inquiétants chez un certain nombre d'élèves, soit par la contagion des imaginations, soit par l'imitation entre eux des procédés de l'hypnotiseur. Quel triste jeu que de placer sous les yeux de l'enfance et de la jeunesse ces perturbations, ces anéantissements de la personnalité humaine!

Dira-t-on que ces altérations sont des effets

momentanés dont il ne subsiste rien de fâcheux, une fois l'expérience achevée? Les hypnotiseurs eux-mêmes nous assurent le contraire; ils semblent même tirer vanité de l'ascendant prolongé qu'ils gardent sur leurs sujets. N'est-ce pas déjà une bien grave infirmité que la susceptibilité contractée par des expériences répétées de devenir hypnotisable et suggestif à merci? Il en est qui cessent, nous dit-on, de s'appartenir à eux-mêmes sur un seul signe, et même sans nul signe, sans la moindre passe, sans un seul mot, sur une simple pensée, non manifestée au dehors, selon le bon plaisir de celui auquel ils ont, pour ainsi dire, livré leur corps et leur âme. Cet empire absolu se prolongerait même bien au delà des expériences du laboratoire; il y aurait ce qu'on appelle les suggestions à distance de temps et de lieu, sans nulle limite déterminée et à l'insu du sujet lui-même. Pendant des semaines, pendant des mois, il subirait cet état anormal et immoral de soumission absolue à la volonté d'un autre, même pour des actes qui lui répugneraient le plus dans l'état ordinaire, et qui le mèneraient en cour d'assises.

Combien donc est dangereux et inquiétant l'abus de l'hypnotisme pour les individus et pour la société elle-même! Un pareil abus devrait être réprimé, condamné en vertu de cette même loi qui défend d'aliéner sa liberté au profit de qui que ce soit et qui casse tous les contrats de ce genre. Au sein du plus dur esclavage, l'esclave conservait, à tout le moins, dans son for intérieur sa conscience et sa liberté qu'aucun maître ne pouvait lui ravir. Il n'en est pas de même avec l'hypnotisme; à celui qui s'est livré à l'expérimentateur il ne reste rien, pas même son for intérieur. Quoi de plus odieux que cette manipulation en quelque sorte de la personnalité humaine à laquelle les hypnotiseurs se livrent de plus en plus et sans aucun scrupule! Jamais peut-être l'*experimentum in anima vili* n'a été pratiqué plus largement et avec autant de cynisme.

Il est bon d'avoir le témoignage des hypnotiseurs eux-mêmes, sur les dangers moraux de l'hypnotisme, pour ne pas parler des dangers physiques, et non pas seulement celui de moralistes qu'on pourrait soupçonner de s'alarmer à tort et à l'excès. Or l'hypnotique, nous dit le docteur Binet, peut devenir un instrument de crime d'une effrayante précision, et d'autant plus terrible qu'immédiatement après l'accomplissement de l'acte, tout peut être oublié, l'impulsion, le sommeil et celui qui l'a provoqué[1]. M. Liégeois et toute l'école de Nancy soutiennent que dans l'hypnotisme la suggestion est toute-puissante, que l'automatisme est absolu[2]. Si l'hypnotisme peut être funeste à la société, il n'est pas moins funeste à celui qui s'y soumet et que des expériences trop répétées exposent à la folie. M. Pierre Janet a protesté également contre l'abus de ces expériences[3].

L'autorité publique s'en est émue dans des pays étrangers. En Autriche, en Italie, il y a des défenses de faire des expériences publiques. J'emprunte au savant ouvrage de l'abbé Méric intitulé *le Merveilleux et la Science* l'extrait suivant de l'avis du conseil supérieur de Rome :

---

1. Binet et Féré, *Magnétisme animal*.
2. *De la suggestion et du somnambulisme dans leurs rapports avec la jurisprudence et la médecine légale*.
3. *De la suggestion dans l'hypnotisme* (*Revue politique et littéraire* du 9 août 1884).

« Considérant qu'au point de vue de la protection nécessaire de la liberté individuelle, on ne peut permettre des pratiques qui produisent des faits psychiques morbides, comme de rendre un homme esclave de la volonté d'un autre, sans qu'il ait conscience des dangers auxquels il est exposé, les spectacles d'hypnotisme doivent être interdits. » Espérons qu'il en sera bientôt de même chez nous au nom de la liberté individuelle.

La loi et les magistrats peuvent-ils rester plus longtemps indifférents et impassibles? Nul pouvoir n'interviendra-t-il en faveur de ces pauvres êtres, femmes surtout et jeunes filles, sur lesquelles tous les jours dans les laboratoires et les amphithéâtres se répètent ces expériences désolantes pour la personnalité humaine. Ce sont comme des vivisections morales sur les âmes, qui devraient inspirer plus d'horreur que les vivisections sanglantes sur le corps des animaux. Législateurs et magistrats, les hypnotiseurs se vantent bien haut d'exercer un pouvoir absolu sur le corps, sur les pensées, les volontés, les actions de ces sujets qu'ils pétrissent à leur guise; vous savez qu'ils sont dressés, préparés, au risque de leur raison et même de leur vie, par des industriels plus odieux que tous les marchands d'esclaves du centre de l'Afrique, et vous les laissez se livrer librement à ces pratiques inhumaines! Ils prétendent qu'ils peuvent à leur gré suggérer à leurs patients, non pas seulement tel ou tel acte insignifiant, mais l'acte le plus immoral, mais un crime, qu'ils peuvent en faire à leur gré des faussaires, des voleurs et même des assassins, contrairement à leurs vrais sentiments, à leur propre conscience, à leur honnêteté, lorsqu'ils étaient hors de leurs mains; vous le savez, et vous n'intervenez pas!

Ne dirait-on pas d'ailleurs que dans ce temps-ci il y a une sorte de conjuration universelle pour dégrader, pour anéantir notre personnalité? Psychologues de certaines écoles, déterministes, positivistes, physiologistes, médecins, romanciers, c'est à qui, par une sorte d'émulation véritablement homicide, s'efforcera de ravaler l'homme au niveau de la brute. Au premier rang de cette ligue impie sont les hypnotiseurs. Comment considérer leurs pratiques de sang-froid? Encore une fois il ne s'agit pas ici seulement de débats purement spéculatifs et scientifiques, mais de la justice humaine, des tribunaux, des lois, de l'ordre social. Que la mode des pratiques hypnotiques vienne à s'étendre, en même temps que la foi à leur puissance merveilleuse, il n'y aura plus qu'à supprimer le code pénal tout entier!

De quelle peine en effet peut-on frapper ce criminel inconscient, simple machine aux mains d'un autre, qui aura tué et volé, en état d'hypnotisme, ou bien ce témoin qui aura fait une fausse déposition sous l'empire d'une suggestion irrésistible? Qu'opposera le ministère public aux avocats qui invoqueront le témoignage de MM. Charcot, Liégeois et de leurs élèves? Toutefois si l'auteur du crime est irresponsable, il y a derrière lui un coupable à frapper, à savoir l'auteur même de la suggestion. L'ivrognerie, nous l'avons dit, ne supprime pas la responsabilité, elle ne fait que la déplacer et la reporter en arrière sur le fait lui-même de s'être enivré. Il y a donc toujours là un coupable, mais il n'y en a qu'un seul. Dans l'hypnotisme il y en a deux : celui qui par l'appât d'un gain, ou même par simple curiosité, ou par un motif quelconque, s'est laissé soumettre à cette épreuve dangereuse pour sa santé et sa conscience, et celui, bien autrement coupable, qui, par ses pratiques et ses suggestions, est l'instigateur de l'action immorale et criminelle. Je le tiendrais encore pour coupable à un certain degré, quand même il n'aurait pas laissé les choses aller jusqu'au bout, et que, retenu par un scrupule, il aurait arrêté les effets de sa suggestion criminelle avant que l'acte fût accompli.

A défaut des magistrats et des lois, tous les moralistes, tous ceux qui ont quelque autorité sur les consciences doivent être d'accord pour défendre d'hypnotiser et de se laisser hypnotiser, plus encore que de s'enivrer, et de perdre la raison par le vin ou l'opium. Sosie dans l'*Amphitryon* se débat et brave les coups de Mercure pour ne pas se laisser dérober son moi ; l'hypnotisé le livre et l'abandonne sans nulle résistance.

Quoi de plus contraire à cette belle et grande maxime de Kant, de ne jamais faire de l'humanité un moyen, mais toujours une fin en soi. Qu'aurait-il pensé de tous ces hypnotiseurs qui se jouent de la personne humaine?

En résumé, les consciences corrompues, fausses et relâchées sont de tous les temps, comme les faiblesses et les passions humaines, mais elles revêtent des tours particuliers plus ou moins subtils, elles se déguisent avec des raffinements plus ou moins casuistiques, suivant l'état social et la culture des esprits. J'ai plus particulièrement visé dans cette étude les altérations qui sont de notre époque, qui ont leurs racines dans nos mœurs actuelles, privées ou publiques. Remarquons ici combien la civilisation sans la morale est ingénieuse à fournir des prétextes pour justifier par devers nous le mal que nous sommes tenté de faire. Elles sont de plus en plus insidieuses les mauvaises pensées qu'elle suggère à tous dans toutes les conditions sociales, depuis le pauvre jusqu'au riche, depuis l'électeur jusqu'au député, jusqu'au ministre.

Un moraliste ne fait pas œuvre inutile en appelant l'attention de ceux chez lesquels le sens moral n'est pas encore faussé, sur tant de pièges du dehors et tant de pièges du dedans où les consciences peuvent se laisser prendre. Que les jeunes gens, surtout à leurs débuts dans les affaires et dans la politique, au contact des vieux corrompus du siècle, veillent à garder le sentiment du bien et du mal dans sa droiture naturelle, avec toute la pureté de ses premiers mouvements et de ses premières impressions!

Ce n'est peut-être pas le meilleur moyen de s'enrichir et de faire son chemin dans le monde, mais c'est le seul pour rester honnête. Qu'ils sont beaux, et qu'ils sont ici à leur place ces conseils d'Énée à son fils :

« Disce, puer, virtutem ex me verumque laborem,
Fortunam ex aliis [1].... »

[1]. Liv. XII, vers 434.

DEUXIÈME ÉTUDE

PETITS PLAISIRS ET PETITS DÉPLAISIRS

I

NOUS SENTONS TOUJOURS

Les infiniment petits de l'âme humaine. — De leur importance. — Mode infinitésimal d'exercice de chaque faculté. — Petits plaisirs, petites perceptions, petites déterminations. — Nous sentons toujours, comme toujours nous pensons. — Petits plaisirs ou petits déplaisirs continus engendrés par l'union de l'âme et du corps. — Intimité, unité de la vie et de l'âme pensante. — Toute proportion gardée, nous sommes plus sensibles à la peine qu'au plaisir. — Le plaisir de la vie et de la santé est la résultante d'une multitude de petits plaisirs. — Petits plaisirs engendrés par les sens extérieurs. — Union de l'élément affectif à tout élément représentatif. — Nous ne pouvons faire un pas ni ouvrir les yeux sans que quelque chose nous affecte. — Petits plaisirs d'ordre intellectuel. — De la sensibilité dans le sommeil.

Il y a des infiniment petits dans le monde moral comme dans le monde physique. Leur rôle même n'y est pas moins considérable. Nous avons en nous des degrés divers à l'infini d'activité et de développement, depuis le plus humble jusqu'au plus élevé, depuis la plus sourde et la plus obscure conscience jusqu'à cette même conscience dans toute sa plénitude et sa clarté. Il y a de petites déterminations, de petites perceptions, de petites sensations dans les régions inférieures de la volonté, de l'intelligence et de la sensibilité. Chaque faculté, par intermittence ou à ses débuts, a ses infiniment petits que le moraliste, pas plus que le psychologue, ne doit négliger dans l'étude de l'âme humaine. Pris à part et isolément, ces infiniment petits peuvent sembler n'avoir qu'une influence à peu près nulle, et sont comme insensibles : mais, de même que les petits mouvements dans la nature, ils produisent des effets notables par leur nombre et leur accumulation. Là est le secret, la racine cachée de bien des phénomènes saillants de notre vie intellectuelle et morale. De toutes ces couches inférieures de nos facultés, je n'en veux explorer ici qu'une seule, celle de la sensibilité, en vue surtout d'y faire voir un élément, qui n'est pas sans importance, de l'évaluation comparée des biens et des maux de cette vie.

La sensibilité ne consiste pas tout entière dans les grands plaisirs et les grandes douleurs, dans ces sentiments, ces passions qui font en quelque sorte saillie à travers le cours de la vie humaine. En dessous de cette sensibilité dominante qui nous émeut plus ou moins vivement, en bien ou en mal, mais qui ne se manifeste qu'à certains intervalles, il y a une sensibilité qui nous effleure à peine, pour ainsi dire, mais à laquelle cependant il faut faire une part considérable à cause de sa continuité. Entre tous les autres grands phénomènes de la sensibilité, les petits plaisirs et les petits déplaisirs, qui les accompagnent et s'y mêlent, forment une chaîne qui ne souffre point de lacune, tant que nous respirons la lumière du jour.

Il est équitable de tenir compte des uns et des autres dans l'estimation, si souvent tentée, et d'ordinaire si partialement faite, de la somme comparée de nos biens et de nos misères. De ces deux sommes, quelle est celle qui l'emporte sur l'autre? C'est une bien vieille question, mais que nous voyons se renouveler plus vivement aujourd'hui que jamais, entre l'optimisme et le pessimisme. Je n'ai pas la prétention de résoudre ni de discuter les problèmes de métaphysique touchant la nature du mal et la providence, mais, en me tenant à un point de vue purement expérimental, je voudrais relever à leur juste valeur la foule trop méprisée des petits plaisirs, et faire intervenir dans la question cet élément, généralement beaucoup trop négligé par les philosophes comme par le vulgaire.

Pour mieux établir leur continuité à travers tous les moments de la vie, et bien que notre but soit plutôt moral que psychologique, nous nous appuierons d'abord sur l'analyse du fait de conscience, sur la simultanéité et l'indivisibilité de toutes nos facultés.

Le moi étant un de l'unité la plus absolue, comme l'attestent la conscience et la mémoire, et étant essentiellement actif, il ne se peut qu'il y ait succession et intermittence dans l'exercice et l'apparition de ses facultés, ce qui ne veut pas dire qu'elles soient toujours les unes et les autres au même niveau et parallèles dans le degré de leur développement. L'intelligence et la volonté ne s'éveillent pas seulement lorsque la réflexion est venue; dans le premier fait de conscience déjà elles sont en germe. La volonté y apparaît sous forme d'impulsions, actions ou réactions instinctives; l'intelligence, au même temps, s'annonce et s'éveille par quelques petites perceptions obscures, dont la première est sans doute celle de la résistance des organes.

La sensibilité ne s'en sépare pas; on pourrait même croire qu'elle les précède, parce que ses manifestations sont plus nombreuses, et relativement plus vives, dès les premiers temps de la vie. Mais elle ne s'exerce jamais seule, pas plus à l'origine que dans le cours entier de notre existence. Il n'y a pas un seul phénomène affectif qui ne soit lié à quelque perception; dans tout fait de conscience se trouvent, avec un plaisir ou une douleur, une perception et une détermination. Cela ne veut pas dire que, sans nulle discontinuité, nous ayons eu toujours présentes à la conscience des pensées, des sensations, des déterminations claires, distinctes, notables : mais toujours il y en a eu de faibles et d'obscures, sous un mode en quelque sorte infinitésimal, l'unique au début de la vie, mais qui se continue à travers ou sous tous les développements ultérieurs et qui les relie les uns aux autres.

Ainsi toujours notre intelligence est en exercice, mais non pas toujours assurément attentive et réfléchie; aux pensées ou perceptions saillantes s'entremêlent une foule de petites pensées qui s'écoulent obscures, mais dont il n'est pas impossible cependant de saisir quelque trace. Ceci semble tout à fait en désaccord avec ce propos vulgaire : Je ne pense à rien; mais il ne faut pas l'entendre à la rigueur. Penser à rien, si l'on veut bien s'observer soi-même, c'est encore penser à quelque chose, mais de peu d'importance; c'est n'avoir qu'une pensée plus ou moins obscure et confuse. « A quoi pensez-vous? » demande un des personnages d'une pièce d'Alphonse Daudet à Numa Roumestan, qui, après avoir beaucoup péroré du haut d'un balcon, devant des compatriotes charmés de sa faconde, s'est assis fatigué au coin du feu et demeure silencieux contre sa coutume. « Je ne pense à rien, répond cet expansif et verbeux politicien du Midi; quand je ne parle pas, je ne pense pas. » Il se trompe assurément : il a beau se taire et ne plus s'enivrer de sa parole, la pensée avec la parole intérieure n'ont pas arrêté leur cours dans son esprit. Les images et les tableaux s'y succèdent, mais, dans ce moment, aucun n'a assez de relief pour fixer son attention.

De même la volonté est constamment en acte, non pas que nous voulions toujours, avec un certain degré de force ou d'énergie ni avec pleine conscience et de propos délibéré; mais une série de petites impulsions ou déterminations se succèdent en notre esprit jointes à une certaine idée confuse de quelque chose de voulu à quoi on tend, en même temps qu'elles sont accompagnées d'une sensation, non moins faible et confuse, mais non moins réelle, de plaisir et de douleur. Il est tout aussi inexact de dire : je ne sens rien, que de dire je ne veux rien, ou je ne pense rien. Je ne sens rien signifie seulement qu'en ce moment je n'éprouve aucune sensation distincte de plaisir ou de douleur, mais non que ma sensibilité soit abolie.

Nous pouvons aussi d'ailleurs nous en référer au principe même de la théorie du plaisir et de la douleur qui est généralement admis, depuis Aristote, par les psychologues. L'activité essence de l'âme étant la source unique de tout plaisir et de toute douleur, pas un mode de notre activité auquel ne doive s'attacher, selon qu'il est libre ou empêché, quelque sensation pénible ou agréable. Omniprésence de la pensée et omniprésence de la sensibilité, suivant une expression de Lotze, sont deux choses qui s'impliquent l'une l'autre.

Nos facultés n'ont d'existence à part que dans nos classifications et non dans la conscience elle-même. Quelle que soit la diversité de leur mode d'action et de leur intensité, l'une ne va pas sans l'autre. Quand il serait démontré qu'il y a dans le cerveau des compartiments distincts, des organes particuliers pour chacune d'elles, il ne suivrait pas qu'il y ait quelque chose de pareil dans l'âme une et indivisible. Nos facultés ne sont pas comme des personnages de théâtre qui paraissent ou disparaissent sur la scène de la conscience, qui rentrent, pour ainsi dire, dans la coulisse, pour de nouveau en sortir ensuite; toujours elles sont en scène. La comparaison avec un faisceau, quelque fort, quelque étroit qu'on suppose le lien qui en unit toutes les parties, est inexacte, elles ne sont pas juxtaposées dans une unité collective quelconque, mais elles se pénètrent mutuellement dans une unité essentielle que rien ne peut rompre.

Après avoir montré le lien qui les unit aux petites perceptions et aux petites impulsions, nous allons étudier particulièrement et en eux-mêmes les petits plaisirs et les petits déplaisirs. Faisons d'abord une distinction entre les petits déplaisirs et ce qu'on appelle ordinairement les petites misères de la vie. Plus d'un moraliste humoristique s'est raillé avec esprit et sans pitié de ces petites misères qui souvent, quoique petites, sont de très grands déplaisirs. Plusieurs même les sentent si vivement qu'ils en sont malheureux, comme si elles étaient grandes en réalité. Cependant nous ne les plaignons pas, et leur chagrin même nous paraît comique, à cause du contraste, de la disproportion entre la futilité de la cause et la vivacité de la contrariété éprouvée. Comment s'apitoyer sur le sort de celui qui maudit l'existence pour le plus léger contretemps, pour le moindre dérangement dans ses habitudes ou ses manies ? Dans les petits déplaisirs dont nous parlons cette disproportion n'existe pas ; l'imagination n'intervient pas pour de petits les faire gros, sinon il faudrait leur donner place ailleurs que dans la région des petits déplaisirs, et les élever au-dessus de ce degré infime de la sensibilité que nous ne voulons pas dépasser.

Les petits plaisirs et les petits déplaisirs s'entremêlent d'ordinaire ; ils ne vont guère les uns sans les autres ; ils s'engendrent en quelque sorte réciproquement ; un petit plaisir qui cesse, cause un petit déplaisir, de même un petit plaisir succède à un petit déplaisir. A qui appartient la prépondérance ? C'est un compte que nous tâcherons de faire plus tard, au moins d'une manière approximative. J'avertis d'abord que, dans le cours de cette analyse, j'insisterai plus sur les plaisirs que sur les déplaisirs; nous sommes en effet naturellement plus portés à ne pas laisser passer inaperçus et même à exagérer les plus petits déplaisirs.

Elles sont innombrables ces légères impressions de plaisir ou de douleur qui prennent à chaque instant naissance dans toutes les parties, dans toutes les fibres, pour ainsi dire, de notre être physique, intellectuel et moral, et qui ne disparaissent que pour faire place à d'autres. Petites aises ou petits malaises, empêchements et contrariétés ou petites délivrances, il ne nous est pas donné un seul instant d'exister hors de cette alternative. L'état d'indifférence absolue, le zéro de sensibilité ne se rencontre que chez les rochers et non dans aucun être vivant. Chez l'homme surtout par combien d'endroits la sensibilité n'a-t-elle pas un accès toujours ouvert? Elle pénètre par tous ses pores, elle imprègne son être tout entier.

Pour commencer par le corps, même dans l'état normal, et non pas seulement dans un état maladif, une sensibilité plus ou moins sourde se mêle à toutes les fonctions de la vie organique. L'âme douée, selon nous, de la puissance qui organise, anime et vivifie le corps, n'est étrangère et insensible à rien de ce qui s'y passe. Elle a une conscience confuse de son action permanente sur les organes et du travail interne de la vie, en même temps qu'elle a de petites perceptions de tout ce qui se passe dans les organes, dont le jeu s'accompagne de sensations vitales, agréables ou désagréables, quelque infimes qu'elles soient, suivant que tout va bien, ou suivant qu'il survient le plus léger trouble ou dérangement.

Grande a été l'erreur de ces philosophes, trop spiritualistes, qui avaient fait de l'âme pensante et de la vie deux principes différents, étrangers l'un à l'autre. La foule de ces petites perceptions, de ces petites sensations organiques ne révèle-t-elle pas incessamment, non seulement leur étroite union, leur intimité, mais leur unité à toute conscience attentive à ce qui se passe au dedans d'elle-même ?

Peut-être nous concédera-t-on plus volontiers le fait de ces petites douleurs attachées à tout trouble organique, même le plus léger, que la réalité d'une série de petits plaisirs inhérents au jeu régulier de l'organisme. Il arrive en effet qu'à dose pour ainsi dire égale, la plus petite douleur passe généralement un peu moins inaperçue que le plus petit plaisir. Aristote, Descartes et d'autres moralistes ont fait la remarque que, toute proportion gardée, les impressions de la douleur étaient plus durables que celles du plaisir. Il importait d'ailleurs, dans l'intérêt même de notre conservation, que nous fussions plus attentifs même à la moindre des douleurs. Il n'y a pas de péril pour nous à goûter trop faiblement un petit plaisir, ou même à n'y prendre nulle garde; mais il peut y en avoir à négliger l'avis du trouble organique que nous donne le plus léger des malaises. Ce malaise en effet peut être l'avant-coureur de quelque mal plus grave, si nous n'y prêtons aucune attention.

A l'égard des gens du monde, qui sont plus ou moins délicats et soigneux de leur personne, la recommandation d'y prendre garde est en général assez inutile. De leur part, il y aurait plutôt excès de sollicitude qu'inadvertance ou insouciance. Que de petites douleurs, de petits maux grossis outre mesure; que de petits riens pris pour de fâcheux symptômes; que de vaines alarmes et de soins ridicules; que de malades par imagination ou par anticipation, qui sont des gens bien portants!

Si l'habitude efface davantage les petits plaisirs, elle ne les annihile pas. Il est des fonctions organiques, comme la respiration, la digestion, la circulation du sang, les battements du cœur, où il est plus facile de les saisir; il en est d'autres, plus enfoncées dans l'organisme, où cette observation est plus difficile dans les circonstances ordinaires. Toutefois, si le plaisir que nous croyons être inhérent à leur jeu régulier, ne se laisse pas d'ordinaire apercevoir directement, il se décèle, par opposition pour ainsi dire, dans la gêne que nous sentons au moindre de leurs empêchements, gêne à laquelle succède le plaisir de la délivrance, la jouissance à nouveau de l'aise confusément sentie antérieurement, et dont nous nous apercevons seulement à la transition du plaisir à la peine ou de la peine au plaisir. Nous ne sommes guère sensibles au plaisir de respirer quand la respiration est entièrement libre; mais nous le sentons, par opposition, quand elle ne l'est plus, quand du grand air nous passons à quelque endroit enfermé, ou que nos poumons sont plus ou moins engorgés. Qui jouit d'un bon estomac n'est guère sensible au plaisir habituel d'une bonne digestion; il n'en est pas de même de celui qui ne l'a pas toujours facile.

D'ailleurs, si chacune de ces petites sensations vitales prise à part est plus ou moins imperceptible, elles produisent, réunies et par leur action commune, une impression générale, une résultante notable qui est le sentiment, le plaisir de la vie et de la santé. Qu'il est grand ce plaisir de vivre, ce doux sentiment de l'existence, qui n'est pas un sentiment simple, mais très complexe, composé de la multitude de ces petits plaisirs qui naissent de l'union de l'âme et du corps. C'est la sensation générale qui comprend toutes nos petites sensations vitales. Le plaisir de l'existence doit surtout s'apprécier et se mesurer par l'horreur que nous avons du non-être. Pour le plus malheureux des hommes, comme dit saint Augustin, l'être vaut mieux que le non-être.

A ce plaisir de la simple existence se surajoute le plaisir de l'existence dans des conditions normales, c'est-à-dire le plaisir de la santé, plaisir non moins général, plaisir diffus dans tout notre être, et auquel concourent l'harmonie, le bon état, le jeu régulier de l'organisme tout entier. La santé, dit Mme de Grignan, est le plaisir des plaisirs. Ajoutons que, comme le plaisir de l'existence, elle est en quelque sorte le résumé d'une multitude de petits plaisirs : « O bienheureuse santé, s'écrie Sterne, tu es au-dessus de l'or et de toutes les richesses. C'est toi qui dilates l'âme et disposes toutes ses facultés à recevoir l'instruction et à goûter la vertu! Celui qui la possède a peu de désirs à former, et le malheureux auquel elle manque, manque de tout dans le monde. » Quel moraliste d'ailleurs n'a pas mis parmi les plus grands des biens ce plaisir de la santé, quoique si peu apprécié par la plupart des hommes qui en jouissent? Selon Kant, il est vrai, ce sentiment ne serait qu'un bien-être négatif. Bien-être négatif, voilà deux mots qui semblent ne pouvoir s'allier ensemble ; bien-être ou être bien, rien, à ce qu'il semble, qui soit plus positif. Quel cas ne fait-on pas de ce plaisir, plus ou moins méconnu et peu apprécié de la santé, lorsqu'on a eu le malheur de le perdre !

Dans ce fonds obscur et vague de bien-être et de mal-être, que nous portons chacun au dedans de nous, prennent naissance, à notre insu, ces dispositions ou ces humeurs, bonnes ou mauvaises, gaies ou tristes, dont nous ne saurions donner la raison, et qui influent si fort sur notre tempérament et notre caractère. Selon Maine de Biran, « le charme, l'attrait, le dégoût ou l'ennui attachés aux divers instants de notre vie dépendent presque toujours de ces dispositions si profondément ignorées de notre sensibilité ».

Si du monde intérieur de notre organisme nous viennent incessamment tant de petits plaisirs, en compagnie de douleurs du même ordre, d'autres non moins nombreux nous arrivent du monde extérieur par la voie de tous nos sens.

Rien de ce que nous percevons au dehors ne nous est absolument indifférent. Pour parler comme les psychologues, dans toute sensation il y a deux éléments : l'un représentatif, qui est la connaissance même de l'objet ; l'autre affectif, qui est la peine ou le plaisir qu'il nous fait éprouver. Si ces deux éléments coexistent en toute sensation, ils n'y sont pas toujours en même proportion l'un avec l'autre : tantôt c'est l'élément affectif qui domine, au point d'effacer plus ou moins l'élément représentatif; tantôt c'est le contraire qui a lieu.

Dans les sensations du goût et de l'odorat, la prépondérance ordinairement appartient à l'élément affectif. Nulle sensation du goût et de l'odorat qui ne soit sensiblement plus ou moins agréable ou désagréable. Les plaisirs de la table s'y rattachent, plaisirs à la portée de tous, et non pas seulement des Lucullus ou des savants disciples de Brillat-Savarin. Dans le repas le plus frugal il y a un plaisir, quand la faim l'assaisonne, plaisir qui se renouvelle tous les jours et, chaque jour, plusieurs fois. Ces petites jouissances journalières de la table, surtout en famille et en société, méritent bien d'être comptées.

La part de l'élément affectif, quoique généralement moindre, se retrouve dans toutes nos autres sensations, bien que le plus souvent en une proportion presque imperceptible.

La main n'est entièrement insensible à rien de ce qu'elle touche, à aucun contact. Toute forme tangible, quelle qu'elle soit, régulière ou irrégulière, une surface polie ou raboteuse, tout solide ou liquide, tout degré de température, même moyen, sans nul excès de froid ou de chaud, se fait quelque peu sentir en même temps que percevoir.

J'en dis autant de l'oreille. Nul son ne nous arrive, quelle qu'en soit la cause, et indépendamment de toute idée associée, sans nous affecter agréablement ou désagréablement, depuis le son si doux d'une voix aimée, depuis la plus belle des harmonies, jusqu'aux sons aigus et discordants ou même les bruits les plus accoutumés et les plus insignifiants. Il en est qui charment, d'autres, comme on dit, qui déchirent l'oreille; mais entre ces deux degrés extrêmes, sur lesquels nous n'avons pas besoin d'appeler l'attention, il y a des gradations infinies de petits plaisirs ou petits déplaisirs attachés à tout degré et toute espèce de son, qu'il vienne de l'homme, des animaux ou de la nature.

Soumettons à la même épreuve les sensations de la vue, même les plus habituelles et les moins notables. Jamais notre œil n'est sec, pas plus que notre main et notre oreille ne sont insensibles. Mettons de côté les grands spectacles de la nature, la beauté, la grâce d'objets vivants ou inanimés; écartons tous ceux qui blessent vivement les yeux, comme ceux qui les charment; tenons-nous-en aux objets les plus familiers, aux formes les plus vulgaires, aux couleurs les plus ternes : il n'est pas impossible de constater que néanmoins elles nous déplaisent ou nous agréent, si peu que ce soit, et même à ce degré infiniment petit au delà duquel plus rien absolument n'est senti.

Je n'ai pas la sensibilité et l'imagination de l'auteur du *Voyage autour de ma chambre*, ou de l'auteur du *Voyage sentimental*; je ne suis pas ému au même degré par les plus petites choses, par les moindres rencontres ; néanmoins, que je sois chez moi, dans ma chambre, dans la rue, sur une route ou dans les champs, voir et sentir sont pour moi deux choses inséparables. Tous ces passants que je coudoie et qui me sont inconnus, ont des figures, des démarches, des tournures, des costumes, des timbres de voix qui me plaisent ou me déplaisent ; tel visage m'est plus ou moins sympathique, tel autre plus ou moins antipathique. Je souris à ce bel enfant joyeux, dont la figure est fraîche et rose, j'aime à voir ce beau cheval qui passe, ce grand lévrier qui bondit ; mais je détourne les yeux d'une figure disgracieuse, d'un animal laid et souffreteux. Je marche avec quelque plaisir sur ce trottoir large, propre et sec ; mais voici de la boue qui salit mes bottes vernies, et aussitôt le petit plaisir que j'avais se change en un petit déplaisir. Il est des choses qu'il vaut mieux ne pas voir, d'autres qu'il vaut mieux voir, mais il n'en est point qui ne rentrent dans l'une ou l'autre catégorie et qui nous laissent absolument indifférents.

D'ailleurs la lumière au sein de laquelle nous apparaissent toutes choses, n'est-elle pas, à elle seule et par elle-même, un sujet permanent d'impressions agréables ou désagréables, selon ses divers degrés ou ses diverses nuances? Le jour nous plaît, le soleil réjouit nos yeux quand il brille de tout son éclat; l'ombre et l'obscurité nous attristent. Entre l'état du ciel et celui de notre âme, entre les vicissitudes de l'atmosphère et la nature de nos humeurs il y a une correspondance que tous ont remarquée, le vulgaire, comme les poètes qui ont chanté l'homme et la nature. Ces nuages qui passent sur le ciel, il semble qu'ils passent aussi sur notre âme. « L'air même et la sérénité du ciel, comme a dit Montaigne, nous apportent quelque mutation. » Nous n'irons pas cependant jusqu'à ajouter avec lui : « Si la clarté d'un beau jour me rit, me voilà honnête homme. »

Nul plus que Montesquieu ne semble avoir goûté ce grand bien de la lumière. « Je m'éveille, dit-il, le matin avec une joie secrète de voir la lumière; je la vois avec une sorte de ravissement, et tout le reste du jour je suis content. » La perte de la lumière, voilà pour les anciens le plus grand mal de la mort. Qu'ils sont touchants ces adieux à la pure lumière du jour que mettent les poètes dans la bouche de ceux qui vont mourir ! Ils semblent ne faire qu'une seule et même chose de la vie et de la lumière; les morts sont ceux qui ne voient plus la lumière, *luce carentes*.

Il y a aussi un plaisir à se mouvoir, à l'exercice de nos muscles, comme il y en a un attaché à l'exercice de tous nos sens, plaisir manifeste surtout dans l'enfant qui se meut pour se mouvoir, mais qui existe aussi dans l'homme fait. C'est un plaisir d'aller à la promenade, de marcher, de courir, de se livrer à divers exercices du corps.

Après ce plaisir de l'activité motrice, ou du mouvement, en vient un autre qui lui succède, d'autant plus doux qu'il a été plus gagné, à savoir le plaisir du repos, du lit et du sommeil, du sommeil qui est presque la moitié de la vie, et où nous puisons des forces pour goûter à nouveau le lendemain les plaisirs de l'activité. L'insomnie est une peine des esprits troublés ou des malades, mais elle est l'exception, tandis que le sommeil est le lot de tous, jeunes et vieux, riches et pauvres, du savetier même plutôt que du financier. Le sommeil bienfaisant, le doux sommeil a inspiré les poètes, qui l'ont chanté comme ils ont chanté la lumière du jour.

Voilà une incomplète esquisse des petits plaisirs habituels et, par contre-coup, des déplaisirs, qui nous viennent de l'organisme, de l'exercice des sens et du monde extérieur.

Voyons maintenant ceux qui naissent du dedans et de l'esprit lui-même. Il n'y a pas de perception sans quelque élément effectif; de même en est-il de toutes nos idées, de toutes les opérations intellectuelles sans exception, de la mémoire, de l'imagination, de la réflexion, du raisonnement. Nulle pensée, quelle qu'elle soit, ne nous vient à l'esprit qui n'apporte avec elle une part, plus ou moins grande ou petite, de plaisir ou de déplaisir. L'association des idées, si souvent de nos jours analysée, et qui joue un si grand rôle dans la psychologie contemporaine, est une expression qui, prise à la lettre, n'exprime qu'inexactement la suite ininterrompue des phénomènes de l'esprit. Sans doute dans cette suite apparaissent au premier rang les idées distinctes; ce sont elles, en y joignant les affections vives, qui sont les anneaux les plus saillants de la chaîne, mais ces anneaux se relient les uns aux autres par une foule d'idées latentes, qui elles-mêmes sont entremêlées par une infinité de modes obscurs de la sensibilité.

Parmi ces pensées qui se succèdent sans cesse dans notre esprit, il en est qui sont tristes, noires, mélancoliques, douloureuses ou même déchirantes; d'autres qui ne sont pas sans douceur, qui nous plaisent, qui nous charment, qui nous donnent de la gaîté et de la joie; chacun le sait sans être psychologue. Ce qui est moins évident pour tous, et sur quoi j'appelle l'attention, c'est que toutes les idées, sans exception, et non pas seulement quelques idées en quelque sorte privilégiées, et hors ligne, sont affectives à un certain degré, qui peut descendre bien bas, sans doute, mais jamais jusqu'à zéro.

Rappelons d'abord que chaque idée, par cela

seul qu'elle est un mode de l'activité de l'esprit, source unique de la sensibilité tout entière, doit avoir, pour ainsi dire, une certaine face affective. Au fait lui-même de penser, de penser quoi que ce soit, est attaché quelque plaisir. Si ce plaisir nous échappe, c'est à cause de l'impression plus forte, agréable ou désagréable, de l'objet que l'on conçoit ou dont on se souvient.

Si, par exemple, nous ne remarquons pas le plaisir inhérent au seul fait de se souvenir, nous le sentons bien par le contraste, c'est-à-dire par la peine éprouvée à ne pas se souvenir quand nous le voudrions, ou à se souvenir avec difficulté. Je souffre plus ou moins d'un souvenir, même sans importance, qui ne me revient pas à point, d'un fait, d'un lieu, qui échappent à ma mémoire, ou qui n'y reviennent qu'incomplets; par contre, je suis aise quand je les retrouve, d'autant que pour le retrouver il m'aura fallu plus de temps et d'effort. Tout manque de mémoire, quelque insignifiant qu'il soit, nous fait éprouver le sentiment pénible d'un empêchement, d'une sorte d'arrêt de notre activité intellectuelle.

Nulle opération de l'esprit qui ne s'accompagne de sensibilité, depuis les plus hauts jusqu'aux plus bas degrés. Quels ravissements sont égaux à ceux de Pythagore, d'Archimède, de Descartes, de Newton et de tous les hommes de génie qui ont fait quelque grande œuvre ou quelque grande découverte! Au-dessous, bien au-dessous de ces grandes et rares joies de l'intelligence, il en est d'autres plus fréquentes, et d'ordre bien inférieur. Chacun sent quelque plaisir à découvrir le plus petit fait, à apprendre ce qui se passe, ce qui se dit ici ou là, dans la ville, dans le quartier, dans le voisinage, ou bien à saisir le moindre rapport, une liaison quelconque, une ressemblance ou différence entre les plus petites choses et les plus à la portée de tout le monde. Joignons encore les plaisirs de la conversation à tous ces petits plaisirs d'ordre intellectuel.

Si la sensibilité ne nous quitte pas un seul instant pendant la veille, elle ne nous quitte pas non plus pendant le sommeil, pas plus d'ailleurs que la pensée elle-même. Quelque imaginaires que soient nos rêves et quelque légère ou futile qu'en soit la trame intellectuelle, il s'y mêle une autre trame semblable, non moins continue, de petits plaisirs ou de petites douleurs, selon les images, les scènes qu'ils nous représentent, suivant le rôle que nous croyons jouer dans ces petits drames en mille actes divers. On sait jusqu'à quel degré nous troublent parfois leurs visions enchanteresses ou terribles; mais, d'ordinaire, l'impression qu'ils nous laissent est confuse et s'enfuit au réveil. Toutefois, même quand nous n'en gardons aucun souvenir distinct, il nous en reste une impression générale qui survit plus ou moins au sommeil. Au moment de rentrer dans la vie active et réelle, nous nous levons avec une humeur plus ou moins triste ou gaie, nous avons un entrain ou une mélancolie dont la raison nous échappe. Cherchez bien cependant et vous la trouverez dans ce rêve, d'abord oublié, qui tout à coup vous revient à la mémoire.

II

PRÉPONDÉRANCE DES PETITS PLAISIRS

Des petites humeurs bonnes ou mauvaises. — Point d'insensibilité absolue, point de liberté d'indifférence. — Un chapitre de Montaigne. — Influence des plus petites causes sur les actions humaines. — Somme comparée des petits plaisirs et des petits déplaisirs. — Ingratitude à l'égard des plaisirs passés. — Les douleurs plus sensibles, mais moins fréquentes. — Le plaisir est la règle, la douleur l'exception dans les êtres vivants. — Prépondérance des petits plaisirs dans les vies humaines. — Double et salutaire influence de l'habitude sur la sensibilité. — Petits plaisirs de l'habitude. — Douceur de l'habitude jusque dans la souffrance elle-même. — Prépondérance des petits plaisirs assurée par l'habitude. — L'habitude et l'amour de la vie. — Deux conseils de sagesse pratique : goûter davantage les petits plaisirs ; donner moins d'attention aux petits déplaisirs.

De tout ce qui précède nous sommes en droit d'affirmer que la sensibilité ne souffre pas de lacune ou d'intermittence dans tout le cours de la vie. Nous ne résisterions pas à la continuité des grandes douleurs qui bientôt auraient usé notre existence ; nous ne résisterions pas plus à celle de grands plaisirs qui ne l'useraient pas moins vite; mais jamais nous ne sommes exempts de ces petits plaisirs et de ces petits déplaisirs qui sont comme la trame même de la vie. Si peu qu'ils soient, comme nous l'avons dit, pris isolément, ils sont beaucoup à les prendre dans leur ensemble et leur suite; on ne peut donc les retrancher du compte comparé des maux et des biens de cette vie. Pour emprunter une comparaison à Leibniz, qui a pénétré si avant dans la science des infiniment petits de l'âme, ainsi que des infiniment petits de la matière, il en est de leur impression totale comme du grand bruit que j'entends sur le bord de la mer, bruit composé de celui, que je ne discerne pas, de chaque vague en particulier. Ainsi tous ces atomes pour ainsi dire de sensibilité engendrent par leur masse un état général de bien-être ou de mal-être, changent nos dispositions et nos humeurs et entrent pour quelque chose dans ces déterminations dont les motifs nous échappent. A défaut de tout autre motif, ils sont un motif. Aussi, même à nous placer exclusivement à ce point de vue de la sensibilité, nous devons tenir comme une chimère la liberté d'indifférence, tout autant que l'insensibilité absolue. Pour faire pencher la balance d'un côté ou d'un autre, souvent il suffira, à défaut de toute autre raison, du plus petit des plaisirs ou des déplaisirs. Ni l'âne célèbre de Buridan, ni jamais âne au monde, n'est mort de faim entre deux tas d'avoine parfaitement égaux, faute d'un motif ou d'une impulsion à commencer par l'un plutôt que par l'autre.

Montaigne, qui a si finement analysé une foule de nos petits penchants, de nos petites humeurs, de nos petits motifs, a fait la meilleure des critiques de la liberté d'indifférence dans le chapitre de ses *Essais* intitulé *Comme notre esprit s'empêche soi-même.* « C'est, dit-il, une plaisante imagination de concevoir un esprit balancé justement entre deux pareilles envies : car il est indubitable qu'il ne prendra jamais parti, d'autant que l'application et le choix portent inégalité de prix. Pour pourvoir à cet inconvénient, les stoïciens, quand on leur demande d'où vient dans notre âme l'élection de deux choses indifférentes, répondent que ce mouvement de l'âme est extraordinaire et déréglé. Il se pourrait dire, ce me semble, plutôt qu'aucune chose ne se présente à nous où il n'y ait quelque différence, pour légère qu'elle soit, et que, ou à la vue ou à l'attouchement, il y a toujours quelque choix qui nous tente et attire, quoique ce soit imperceptiblement. »

Puisque aucune de nos facultés ne s'exerce isolément, il ne se peut, comme dit Montaigne, que, dans les occasions et les démarches les plus insignifiantes, je n'agisse pas par quelque raison, et aussi poussé par quelque attrait ou répulsion.

Je reprends quelques-uns des exemples dont se servent ordinairement les partisans de la liberté d'indifférence. J'avais devant moi deux pièces ou deux piles de monnaie identiques et à même distance. D'où vient que, pour régler un compte, j'ai pris celle-ci plutôt que celle-là? Pourquoi, commençant à marcher, ai-je avancé une jambe plutôt que l'autre? C'est sans nul motif, disent les partisans de la liberté d'indifférence, qui ont le tort de ne tenir aucun compte de ces petits éléments de détermination que nous avons analysés. Cependant je n'ai pas agi sans quelque motif, même dans ces actions insignifiantes. J'ai préféré prendre telle pièce, peut-être à cause de son aspect plus terne ou plus usé, ou parce qu'elle était du côté de la main dont je me sers le plus habituellement; c'est aussi par habitude que je suis parti du pied gauche ou du pied droit; si j'ai passé dans la rue d'un côté plutôt que d'un autre, c'est la vue de quelque chose qui m'a plu ou déplu, c'est une simple bagatelle, un rien qui m'a déterminé; mais ce rien est quelque chose, c'est un motif, si petit qu'il soit. Observez bien, toujours vous trouverez quelque petit poids, quelque chose de plus, comme dit Montaigne, qui a fait pencher la balance d'un côté plutôt que d'un autre.

Dans les affaires les plus importantes, si le pour et le contre semblent peser également, ce sera quelqu'un de ces petits motifs qui, venant à s'ajouter, mettra fin à l'indécision et nous déterminera à prendre tel ou tel parti de grande conséquence.

Je ne crois pas que, dans l'ordre historique, les petites causes toutes seules produisent de grands effets. Les événements considérables dépendent, non d'un caprice individuel et de quelque petit incident, ou du moins n'en dépendent qu'en apparence, tandis qu'en réalité ils dépendent de l'enchaînement de nombre de causes diverses et de l'état général des esprits. Il n'en est pas de même dans la vie des individus. Combien qui, à leur insu, et même dans de graves circonstances, se décident par ces petites impulsions, ces petites humeurs, ces petits attraits ou ces petites répugnances? Quant à se décider sans aucune raison, grande ou petite, ce n'est au pouvoir de personne. Il suffit donc des petits plaisirs ou déplaisirs pour mettre à néant la doctrine de la liberté d'indifférence.

Quoique jusqu'à présent nous ayons placé en première ligne les petits plaisirs, nous ne méconnaissons nullement la part et le rôle des petits déplaisirs qui, plus fréquemment que nous ne voudrions, les accompagnent et s'y mêlent. Il nous reste maintenant à établir une comparaison entre les uns et les autres, à examiner s'ils se font équilibre et, si l'équilibre n'existe pas, quel est le côté qui l'emporte, sinon dans tous les hommes, au moins dans la moyenne des conditions humaines. A eux seuls sans doute ils ne font pas le bonheur ou le malheur de la vie, qui dépend plus encore de sentiments plus vifs et plus profonds, mais ils y entrent pour quelque chose, et il est juste d'en tenir compte.

Par ce côté de la sensibilité, quelque inférieur qu'il soit, nous touchons à la vieille et grande question de l'optimisme et du pessimisme. Que de nouveau il soit bien entendu qu'avec les petits plaisirs tout seuls nous n'avons nullement la prétention de la résoudre. Au-dessus d'eux il y a des joies et des douleurs dominantes qui les rejettent dans l'ombre les uns et les autres. Ces grands plaisirs et ces grandes joies, ces grandes douleurs et ces grandes tristesses n'ont échappé à personne; tous, optimistes et pessimistes, les ont opposées les unes aux autres, et les ont exagérées plutôt qu'atténuées, chacun dans leur sens. Ce qu'on peut reprocher à la plupart, c'est de n'avoir pas tenu compte de tous ces infiniment petits de la sensibilité qui sont, pour ainsi dire, notre pain quotidien et qui constituent un élément, nullement à négliger, de l'enquête préalable qui doit précéder la réponse à cette question : La vie vaut-elle la peine d'être vécue ?

Il y a deux manières de justifier cette omission, soit en soutenant que ces petits plaisirs et ces petits déplaisirs se font équilibre, soit en ne leur attribuant qu'un rôle insignifiant. Dans les deux cas, il serait loisible de les retrancher sans altérer en rien le compte final. Y a-t-il équilibre, c'est-à-dire les uns et les autres sont-ils en même nombre et au même degré dans la majorité des existences humaines ? Bien que d'ordinaire ils s'engendrent mutuellement, et que les uns n'aillent guère sans les autres, bien que les douleurs, les petites comme les grandes, laissent une trace relativement plus sensible et plus durable, nous croyons cependant que, tout bien pesé et tout considéré, leur somme est moindre que celle des petits plaisirs. Nous avons reconnu, il est vrai, que la mémoire des plaisirs est plus courte que celle des douleurs.

En effet nous sommes en général ingrats à l'égard des jouissances passées, et même des petites jouissances actuelles de la vie; à peine écoulées, nous n'y songeons guère. Par contre, il n'est aucune amertume que nous ne notions, pour ainsi dire, au passage, que nous n'analysions impitoyablement, et dont nous ne gardions un souvenir plein de rancune.

Quelque légères que soient les douleurs, simples gênes ou malaises, il est vrai que nous y sommes plus attentifs qu'aux sensations agréables à un degré correspondant. Pour les plaisirs, cette imperceptibilité, non pas absolue, mais relative, qui est le résultat de la faiblesse et de la confusion, commence plus tôt que pour les déplaisirs. Ainsi s'explique comment, dans ce compte double qu'il s'agit de dresser, les omissions se rencontrent en général plus souvent dans la colonne des plaisirs que dans celle des douleurs.

Mais, si les douleurs, de toutes les sortes et de tous les degrés, sont généralement plus senties et moins oubliées, par compensation, elles sont moins fréquentes et moins durables que les plaisirs. De la nature même de la douleur il suit qu'elle doit être plus rare que le plaisir. Toute douleur vient de quelque désordre, de quelque empêchement, de quelque chose d'anormal, d'un accroc quelconque dans notre être physique ou moral. Un sentiment de bien-être au contraire est attaché à tout ce qui va bien dans notre constitution physique et morale, à tout ce qui chez nous est dans l'ordre. Le plaisir, qui est l'expression même des conditions du jeu régulier de la vie, doit donc être la règle chez l'homme, comme chez tous les êtres savants, tandis que la douleur n'est que l'exception. *All right,* suivant une formule usitée en Angleterre pour signifier que tout est prêt et en règle, voilà la condition du plaisir, voilà, pour mieux dire, son essence même. Appuyons-nous de l'autorité de Buffon :

« Si le plaisir, dit-il, est le bien, et la douleur le mal physique, on ne peut guère douter que tout être sentant n'ait en général plus de plaisir que de douleur, car tout ce qui est convenable à sa nature, tout ce qui peut contribuer à sa conservation, tout ce qui soutient son existence est plaisir; tout ce qui tend au contraire à sa destruction, tout ce qui peut déranger son organisation, tout ce qui change son état naturel est douleur. Ce n'est donc que par le plaisir qu'un être sentant peut continuer d'exister. Privé de plaisir, il languirait d'abord faute de bien. Chargé de douleur, il périrait ensuite par l'abondance du mal[1]. »

Cela est vrai de tous les plaisirs, faibles ou vifs, et voilà pourquoi, *a priori*, dans le cours d'une existence ordinaire, les plaisirs doivent l'emporter par le nombre et par la quantité sur la somme des douleurs. Sans une certaine plus-value du bien-être sur la peine, nulle vie ne subsisterait[2].

Peut-être ce principe paraîtra-t-il moins vrai de la douleur morale que de la douleur physique; mais, en mettant de côté, comme nous le faisons, les grandes douleurs et les grandes

---

[1]. *Discours sur la nature des animaux.*
[2]. M. Guyau, cité par M. Fouillée, a bien dit: « Une certaine somme de bien-être corporel supérieure à la somme des maux corporels est nécessaire à la subsistance même de l'espèce. » (*Revue des Deux Mondes*, 15 octobre 1898, Évolution de l'idée morale.)

joies, sur la balance desquelles nous évitons de nous prononcer, et en restant enfermé dans la sphère inférieure de la sensibilité, nous croyons que l'avantage demeure au plaisir et que, en général, les petits plaisirs en particulier offrent, un excédent dont il est injuste de ne pas tenir compte dans une comparaison totale des biens et des maux de la vie. L'attention plus grande que nous sommes naturellement portés à donner aux maux ne change rien d'ailleurs à leur vrai rapport avec les biens, et ne suffit pas à neutraliser les petits plaisirs, plus continus et plus nombreux.

Dira-t-on que cet excédent, s'il existe, est de nulle valeur, qu'on peut le négliger puisqu'il se compose de plaisirs que nous goûtons en quelque sorte à notre insu, ou qui ne font pas sur nous une impression appréciable? Nous avons déjà répondu en montrant que, par leur ensemble et leur suite, ils rachètent cette extrême petitesse qui est le propre de chacun en particulier, et forment des composés qui ont leur place parmi les grands biens de la vie, tels que le plaisir de l'existence, le plaisir de la santé, le plaisir d'agir. L'existence, la santé, la liberté d'agir ne sont-ils pas les grands et solides biens, suivant une expression de La Bruyère? Or, si vous les analysez, vous verrez qu'ils résultent d'un amas, d'une suite de ces petits plaisirs qui, chacun à part, dépassent à peine le seuil de la conscience. Ces petits biens accumulés constituent de grands biens. Ce qui nous les fait d'ordinaire négliger, est précisément ce qui en fait la valeur, à savoir leur continuité et l'habitude où nous sommes d'en jouir.

Si nous examinons plus attentivement cette influence de l'habitude, nous allons voir que ce qu'elle nous fait perdre d'un côté, elle nous le fait gagner d'un autre, et même gagner avec usure, de telle sorte que, quand même il y aurait égalité et équilibre des deux parts, abstraction faite de l'habitude, l'avantage, grâce à elle, demeurerait du côté des petits plaisirs.

Ni les psychologues ni les moralistes n'ont sans doute méconnu l'influence de l'habitude sur nos diverses facultés et sur notre être tout entier. Mais peut-être n'ont-ils pas assez fait voir comment en définitive elle augmente la somme des biens de la vie. Elle les augmente, quoique un de ses effets soit d'émousser les plaisirs, parce qu'un autre de ses effets est d'émousser, d'effacer même les douleurs, et d'apporter partout avec elle une nouvelle sorte de plaisirs qui lui est propre.

On ne saurait apprécier trop haut l'adoucissement qui découle de l'habitude pour tous les maux et toutes les misères de cette vie. C'est là un des faits les plus considérables à opposer aux exagérations des pessimistes. Quel baume salutaire ne verse-t-elle pas goutte à goutte sur toutes les plaies de l'âme et du corps! Le temps ou l'habitude, ce qui est la même chose, voilà le grand remède, voilà la grande consolation. Grâce à l'habitude, nous nous faisons à nos infirmités, à nos souffrances physiques, à moins qu'elles n'aient un caractère aigu, qui les rend nécessairement brèves. Les douleurs morales ressentent aussi sa bienfaisante influence; à la longue elle atténue même les plus grandes, si elle ne réussit pas à les faire disparaître et oublier. Quelles gênes, physiques ou morales, ne diminue pas l'habitude! quelles aspérités n'adoucit-elle pas! quelles misères de tout genre ne rend-elle pas supportables!

S'il est vrai, comme l'a dit La Rochefoucauld, que nous ne sommes jamais si malheureux que nous avions cru de loin et d'abord, n'importe dans quelle condition, c'est à l'habitude que nous le devons. « Le moine, dit l'*Imitation*, prend goût avec le temps à sa cellule (*cella continuata dulcescit*). » Il n'est pas genre de vie si dur, si misérable dont on ne puisse en dire autant, même sans faire intervenir les secours mystiques de la foi et de la prière.

A cette influence bienfaisante qu'elle exerce sur la douleur, serait-il juste d'opposer l'influence analogue qu'elle exerce sur le plaisir? Ces deux effets en sens contraire ne se font-ils pas équilibre, de telle sorte qu'on peut mettre de côté l'habitude comme ne changeant rien aux parts respectives du bien et du mal dans la vie, comme si un poids égal était enlevé des deux plateaux d'une balance?

Si l'habitude n'avait en effet d'autre influence que celle d'amoindrir et d'effacer également, soit le plaisir, soit la douleur, si d'un côté elle ôtait autant de bien que de l'autre elle enlève de mal, nous devrions en effet la tenir pour neutre dans la question et nous pourrions la laisser de côté, sans crainte d'altérer les résultats. Mais l'habitude a une douceur particulière, qui se substitue aux plaisirs qu'elle diminue, et qu'elle répand jusque sur la douleur elle-même.

Ce qu'elle nous avait fait seulement supporter, elle finit par nous le faire aimer ; de là un nouveau plaisir qui prend la place de celui qu'elle a effacé, ou qui s'ajoute à ce qu'elle en a laissé subsister. Chacun, dans sa manière de vivre, quelque rude qu'elle soit, dans l'emploi et la distribution de son temps et de toutes les heures de la journée, dans ses occupations accoutumées, même les plus pénibles, dans leur monotonie, comme dans leur variété, dans leur importance comme dans leur frivolité, finit par goûter ces plaisirs compensateurs de l'habitude [1].

---

[1]. « Nihil miserum est quod in naturam consuetudo perduxit; paulatim enim voluptati sunt quæ necessitate cœperunt. » (Seneca, *de Providentia*, cap. IV.)

Il en est, il est vrai, de ces plaisirs habituels comme de ceux de la santé, on ne les apprécie guère tant qu'on en jouit. Mais, pour peu qu'ils soient troublés et contrariés, on sent bien quelle place ils tenaient dans notre vie. Quelle peine n'éprouve pas celui qui est dérangé dans ses habitudes, qui est contraint de changer sa manière de passer son temps, sa manière de travailler, ou même de se reposer et de s'amuser, qui est contraint en un mot de vivre autrement qu'il ne vivait !

Ce ne sont pas là encore tous les bienfaits de l'habitude : elle atténue, nous l'avons dit, la douleur, mais elle fait plus encore que l'atténuer. Si elle n'a pas le pouvoir de métamorphoser une douleur en un plaisir, elle a celui de faire parfois pénétrer une certaine douceur jusqu'au sein de la douleur elle-même. Aux peines du cœur les plus douloureuses elle mêle un plaisir, et, dans les larmes elles-mêmes, elle peut nous faire trouver un charme. C'est là une apparente antinomie, un curieux mystère du cœur humain, qui n'a pas échappé aux moralistes et surtout aux poètes anciens ou modernes. Jouir de sa douleur, jouir de ses larmes, sont des expressions contradictoires en apparence, mais d'une vérité profonde, qu'on rencontre fréquemment chez les uns et chez les autres. La Fontaine a bien remarqué cette alliance dans les héros d'Homère de la douleur, du deuil, des larmes et de la douceur, du plaisir qu'éprouve à s'y livrer une âme affligée. « Les larmes, dit-il, que nous versons sur nos propres maux sont, au sentiment d'Homère, une espèce de volupté. Car en cet endroit où il fait pleurer Achille et Priam, l'un au souvenir de Patrocle, l'autre de la mort du dernier de ses enfants, il dit qu'ils se saoulent de ce plaisir. Il les fait jouir de pleurer, comme si c'était quelque chose de délicieux [1]. »

Platon, dans le *Philèbe*, n'oublie pas ces plaisirs dont les douleurs de l'âme sont remplies. « On s'afflige, dit Aristote, parce qu'une personne n'est plus, mais on trouve du charme à se souvenir d'elle, à la voir dans sa pensée, à se rappeler ses actions et toute sa personne [2]. » *Inest quiddam dulce tristitiæ*,

---

1. *Amours de Psyché,* fin du premier livre.
2. *Rhétorique,* liv. I, chap. XI.

« il y a quelque douceur dans la tristesse », a dit Sénèque [1]. « Mes pleurs seuls m'étaient doux, nous dit saint Augustin, et avaient succédé à mon ami dans les délices de mon âme [2]. » Plus d'un poète a chanté, comme Homère, ce plaisir, ce doux rassasiement des larmes. Électre, dans Euripide, se plaint de ne pouvoir goûter, autant que son cœur le voudrait, la volupté de pleurer. De même Racine a fait dire à Phèdre :

Il fallait bien souvent me priver de mes larmes.

Philoctète ne quitte pas sans attendrissement cette caverne où il a tant souffert. Les maux eux-mêmes nous laissent quelque regret, comme dit Œdipe dans Sophocle. On s'attache aussi à ses douleurs, selon Chateaubriand. Citons encore Rousseau en témoignage de cette vertu bienfaisante de l'habitude : « Dans toutes les misères de la vie, je me sentais constamment rempli de sentiments tendres, touchants, délicieux, qui, versant un baume salutaire sur toutes les blessures de mon cœur navré, semblaient en

1. *Epist.*, 91.
2. *Confess.*, lib. IV, cap. IV.

convertir la douleur en volupté[1]. » Ailleurs, dans une lettre à Malesherbes, il dit avoir éprouvé « une tristesse attirante qu'il n'aurait pas voulu ne pas avoir ».

Combien qui ont souffert pour de grandes causes, de nobles passions, pour l'accomplissement d'un devoir, se sont applaudis de leurs souffrances dans le fond de leur cœur! La Carmosine de Musset s'écrie : « O ma chère douleur, délicieuse souffrance! » C'est le miracle de l'habitude de mêler de la douceur à nos amertumes et de greffer, pour ainsi dire, du plaisir jusque sur cette tige ingrate de la douleur.

Voilà assez de témoignages qui viennent confirmer une observation que chacun peut faire en lui-même sur ces douleurs où l'âme semble se complaire, sur ce charme amer de certaines souffrances[2]. Pour mieux montrer l'influence bienfaisante de l'habitude, nous sommes quelque peu sorti de notre sujet; nous avons touché aux grandes passions et aux

---

[1]. Sixième promenade d'un solitaire.
[2]. Pour plus de développement, voir, dans notre ouvrage *du Plaisir et de la Douleur*, 3ᵉ édit., le chapitre sur le plaisir dans la douleur.

grandes douleurs. Revenons maintenant à ces petits plaisirs auxquels l'habitude, soit en diminuant les douleurs ou en les effaçant, soit en créant, pour ainsi dire, une nouvelle couche d'affections agréables, assure leur avantage sur la somme des petites sensations de malaise, de gêne et de souffrance. Mettons ensemble tous ces menus plaisirs habituels, chaque jour renouvelés ou permanents; ajoutons au sentiment de l'existence, à la santé, à la jouissance de la lumière, les plaisirs du mouvement, de la promenade, de la société de nos semblables, de la table, même la plus frugale, du repos, du sommeil, de la conversation, des jeux, et nous découvrirons un fonds permanent de petites jouissances qui font plus que compensation aux petits chagrins et aux petites misères de la vie.

Il y a des petits plaisirs attachés à la maladie elle-même, quand elle n'est pas trop aiguë, et qui font compensation à quelques-uns des ennuis et des peines qu'elle apporte avec elle. Nul philosophe moraliste n'a fait aussi bien l'analyse de ces petites compensations qu'Antoine de Lasalle, dont le nom méritait mieux d'être conservé que celui d'Azaïs comme l'auteur du système des compensations. Bien qu'il ait vécu dans la misère et qu'il soit mort, abandonné de tous, à l'Hôtel-Dieu de Paris, il s'est plu toute sa vie à nous faire voir dans la douleur elle-même un auxiliaire et un assaisonnement du plaisir. « Sans le mal, dit-il, il n'y a pas de bien senti, et l'on ne sent jamais si vivement le bien que dans le passage du mal au bien. »

Il trace un charmant tableau des soins, des gâteries dont le malade est l'objet, des attentions qu'on a pour lui, des douceurs qu'on lui prodigue, qui lui font prendre son mal en patience, et même y trouver un certain plaisir : « J'ai la fièvre, je cause avec mes amis; je sens bien la fièvre, mais le plaisir de babiller avec eux me fait passer par-dessus. De plus on vient me voir et l'on me choie; tout le monde a plus d'égard pour moi qu'à l'ordinaire. Mon incommodité me fournit une raison ou un prétexte pour me donner du bon temps, et, si l'on considère la paresse naturelle à l'homme, cela peut faire un motif. Je redeviens convalescent et je vois qu'on n'est plus occupé de moi; moins de visites, moins d'égards; me voilà resté presque seul. Il me prend presque envie de redevenir malade [1]. » Thackeray, dans un de ses romans, a aussi décrit avec beaucoup de vérité ces petites joies de la convalescence [2]. J'interprète dans le même sens cette pensée de Joubert : « Il y a un degré de mauvaise santé qui nous rend heureux »; sans doute par le soin qu'on prend de soi et par le soin qu'on prend de nous. Grâce à tous ces adoucissements, nous pouvons, sans nous élever jusqu'à la hauteur du stoïcisme, supporter bien des contrariétés, des misères, des petits chagrins par lesquels un trop grand nombre se laissent troubler, aigrir, abattre et se tourmentent outre mesure. En fait de mal, il ne faudrait pas tant s'écouter, tandis qu'en fait de bien, il serait peut-être bon de s'écouter davantage et de savoir mieux goûter, qu'on a coutume de le faire, toutes ces

---

1. *Le Désordre régulier*, in-12. Auxerre, 1786. Lasalle est né en 1784 et mort en 1829. Voir sur Lasalle l'étude sur les compensations, dans mes *Premières études familières de psychologie et de morale*.
2. *Histoire d'Arthur Pendennis*.

légères impressions agréables qui n'ont d'autre tort, si c'en est un, ou plutôt si ce n'est pas ce qui en rehausse le prix, que d'être à chaque instant renouvelées, que d'être habituelles. Il serait équitable d'en faire une plus juste estime, de les traiter moins dédaigneusement, et de les considérer au moins à l'égal des petites peines qui leur correspondent. Si nous faisions ainsi, la vie nous apparaîtrait sous des couleurs moins sombres; il y aurait moins de gens mécontents de leur sort en ce monde, moins de pessimistes, sinon par de faux systèmes, au moins par mauvaise humeur.

La vie a sans doute bien des mauvais côtés, mais elle en a aussi de bons, qu'il faut mettre dans la balance avant de récriminer contre la destinée. Un de ces bons côtés est sans nul doute celui de ces petits plaisirs et des plaisirs habituels; mais je ne suis pas encore au bout du panégyrique que j'en veux faire.

Aucun plaisir, il est vrai, ne cesse que nous n'éprouvions d'abord quelque douleur proportionnée au degré de la jouissance perdue, comme aussi il y a quelque plaisir à se sentir soulagé d'une douleur quelconque. Quels cruels mécomptes, quelles déceptions, quelles souffrances, quel vide ne laissent pas après eux les grands plaisirs, les grandes joies quand nous venons à les perdre! S'ils nous font moins jouir, les petits plaisirs ont pour compensation cet avantage de nous faire moins souffrir, quand momentanément nous en sommes privés. Ce qui leur succède dans l'âme, ce n'est pas la douleur, le mot serait trop fort, mais seulement une sorte de diminutif de la douleur, un malaise, un léger déplaisir. Ils ont encore cet autre avantage de n'être pas des plaisirs rares, exceptionnels, qu'on ne puisse goûter que dans certaines conditions de rang et de fortune, qui ne sont à la portée que des privilégiés de ce monde, qui exigent un heureux concours de circonstances. A tous il est donné d'en jouir, dans toutes les situations de la vie, dans les plus humbles, comme dans les plus élevées, et même dans les plus misérables.

Sans cette douceur secrète qu'ils y répandent, bien que nous ne nous en rendions pas toujours compte, à combien la vie ne serait-elle pas insupportable ! Ces plaisirs de l'habitude sont comme mille petits liens qui nous y attachent, qui nous y retiennent, même au sein du malheur et de la misère. Pour quelle part n'entrent-ils pas dans cet amour profond de la vie qui est au cœur de tous? Je conclus donc, que, sans exagérer leur importance, ils ont droit à être pris en une grande considération, quand il s'agit de répondre à cette mélancolique et sombre question : La vie vaut-elle la peine d'être vécue? Telle est l'omission, que nous avons tenu à signaler, dans la plupart des comparaisons, plus ou moins partiales et inexactes, qu'ont faites les philosophes et les moralistes, que fait aussi le vulgaire, entre la somme des maux et des biens de ce monde.

Nous sommes arrivés à cette conclusion, quelque peu optimiste, par une double voie : l'une partant de la nature même du moi et de ses facultés, l'autre de l'observation et de l'analyse des phénomènes intérieurs. De même que toutes nos autres facultés, la sensibilité est en acte, depuis le premier fait de conscience jusqu'au dernier; elle est partie intégrante de la conscience. Mais d'ordinaire elle n'a cours que par une suite de petits plaisirs et de petits déplaisirs; les grandes sensations ne s'y rencontrent qu'à des intervalles plus ou moins éloignés. Quelque faibles que soient ces petites affections, elles se laissent découvrir, quand nous voulons bien leur prêter quelque attention, quand nous auscultons, pour ainsi dire, notre sensibilité. D'ailleurs, ajoutées les unes aux autres et accumulées, nous avons constaté qu'elles produisaient des effets notables de bien-être ou de mal-être.

Les petits plaisirs ne vont pas seuls; des déplaisirs correspondants, qui se glissent entre eux, ils s'engendrent réciproquement et se succèdent, ils s'entremêlent constamment; ils sont en une sorte de connexion. Toutefois ils ne se font pas équilibre, et, tout compensé, toute proportion gardée, il nous a paru que les petits plaisirs, qui sont inhérents à notre état normal, avaient la prépondérance sur les petits déplaisirs causés par quelques empêchements qui ne peuvent être que l'exception, et non la règle, dans le cours d'une vie.

En dernier lieu, et comme pour leur assurer

la victoire, nous avons fait intervenir l'habitude qui étend en quelque sorte une certaine couche de plaisir de seconde formation sur les plaisirs qu'elle émousse ou même qu'elle efface, et fait pénétrer une certaine douceur jusqu'au sein de la douleur et des larmes. Qu'elle soit donc bénie cette grande consolatrice des misères humaines, cette fée bienfaisante de l'habitude qui, avec sa baguette magique, fait sortir quelque plaisir du sein de la douleur elle-même !

Par ces analyses psychologiques et morales, sans nullement prétendre résoudre le grand problème de l'existence du mal, nous avons voulu mettre en relief les petites jouissances qui nous aident à supporter les maux de la vie. Grâce à elles, sachons au moins nous mettre au-dessus des petits déplaisirs, dont nul n'est exempt, ce qui n'exige pas de notre part une bien grande force d'âme ; d'un autre côté, prisons davantage ces petits plaisirs dont tous nous jouissons. Nous terminerons par ce précepte modeste, mais excellent, de morale et de sagesse pratique.

TROISIÈME ÉTUDE

DE LA
CIVILISATION SANS LA MORALE
ET DE LA
MORALE SANS LA RELIGION

I

DE L'HOMME SEUL DÉPEND LE PROGRÈS

Le grand péril social. — Possibilité des décadences ou des retours en arrière. — Prétentions orgueilleuses d'une certaine philosophie de l'histoire. — Comment il faut entendre que Dieu est dans l'histoire. — *Réflexions sur la philosophie de l'histoire*, par Jouffroy. — Nul plan providentiel si ce n'est la nature même de l'homme. — Vico et Bunsen. — La nature de l'homme donnée, tout suit et tout peut s'expliquer dans l'histoire. — Les généralisations tirées de la suite des faits, seules lois de l'histoire. — Analyse des divers éléments du progrès. — Moralité et lumières ne sont pas toujours en proportion. — Ce qui n'est pas perfectible dans l'homme. — Les beaux-arts et la bonté morale. — Les idées seules s'ajoutent et se transmettent. — De l'unique garantie du progrès et de la civilisation.

Nous sommes, à ce qu'il semble, à un de ces moments critiques où les esprits ordinairement les plus calmes s'inquiètent, non pas seulement de la stabilité de telle ou telle forme politique, mais de l'avenir de la civilisation elle-même. Il y a un péril moral, si éloquemment signalé par M. J. Simon[1], qui se confond avec le péril social, c'est-à-dire avec le péril de la civilisation elle-même. Quel que soit le brillant de ses dehors, les plus clairvoyants ne sont pas rassurés sur la solidité de ses fondements. Nul retour en arrière vers la barbarie n'est-il plus à craindre? Le progrès dont nous sommes si fiers ne court-il plus désormais aucun risque? Il en est qui croient que le progrès est nécessaire, soit par une loi de la nature, soit par un plan providentiel, et que rien, quoi qu'il arrive, ne peut en interrompre le cours. Mais cette foi aveugle à un progrès fatal qui s'accomplit tout seul, sans nous, et même malgré nous, n'est qu'une dangereuse superstition qu'il importe de combattre. Qu'aurions-nous à faire, sinon à nous croiser les bras, même en présence de la corruption et du mal, sous l'empire de cette con-

---

1. Premier numéro de la *Revue des familles*.

viction, que le bien en sortira nécessairement, et que toutes choses d'elles-mêmes iront vers le mieux? Nous persistons à croire qu'il n'y a rien de plus faux, rien même de plus immoral que les systèmes qui déchargent les nations de toute responsabilité dans leurs destinées, dans les causes de leur grandeur ou de leur décadence.

Quels dangers la civilisation ne courrait-elle pas si, sur la foi d'une pareille doctrine, elle était en quelque sorte abandonnée à elle-même, si nous ne la soutenions de nos bras et de nos cœurs, si nous ne nous aidions nous-mêmes en rien, persuadés à tort que le ciel fait tout?

Il importe tout d'abord de bien établir que la fatalité, de quelque façon qu'on l'entende, ne préside pas toute seule au développement des sociétés humaines, et que, si l'homme est fait pour le progrès, il ne suit pas que le progrès s'accomplisse sans sa libre participation.

D'après certains systèmes de philosophie de l'histoire, tout arrive, tout se succède suivant un plan divin immuable. C'est une science bien orgueilleuse que celle qui prétend pénétrer de la sorte dans les conseils de Dieu, après un coup d'œil, plus ou moins rapide et superficiel, sur la marche des choses de ce monde. Je ne crois pas que Bossuet, non plus que Vico, y ait réussi. A considérer la suite des événements, je vois bien, suivant une parole célèbre, que l'homme s'agite, je vois même qu'il s'agite beaucoup, mais je vois moins clairement que Dieu le mène avec sa sagesse infaillible et suprême. Au milieu de tant d'erreurs et de folies, de tant de sang et de ruines, il est plus pieux de croire, pour son honneur, qu'il ne le mène pas toujours par la main. Il l'a mis sur la route à suivre, il lui a donné pour viatique la liberté, l'intelligence, le sens moral, mais il a laissé d'ailleurs à son compte tous les risques du voyage. Aide-toi, le ciel t'aidera, telle était l'excellente devise d'une société autrefois célèbre. Parler de la sorte, ce n'est nullement nier qu'il y ait un auteur de toutes choses, ce n'est pas non plus exclure sa providence des choses de ce monde, pourvu qu'on l'entende au sens le plus général et le plus élevé, comme le fait Jouffroy dans ses *Réflexions sur la philosophie de l'histoire*, les plus solides pages qu'on ait peut-être écrites sur cette grande question des rapports de Dieu et de l'humanité. « Le mot était bon, dit-il, à propos du rôle de la providence dans l'*Histoire universelle* de Bossuet, mais non dans le sens d'une intervention actuelle de Dieu. Dieu n'intervient pas plus actuellement dans le développement de l'homme que dans la marche du système solaire, et cependant il en est l'auteur. En donnant des lois à l'intelligence humaine, comme il en a donné aux astres, il a déterminé à l'avance la marche de l'humanité comme il a fixé celle des planètes. Voilà sa providence, et cette providence est fatale pour l'humanité, comme pour les corps célestes, mais elle l'est d'une autre manière, car, loin de compromettre la liberté de l'individu, elle la suppose et n'a lieu que par elle. »

En laissant à l'homme et aux nations la responsabilité de ce qui arrive dans la société humaine, la responsabilité du mal et du bien, des progrès et des chutes, pas plus que Jouffroy, nous n'entendons supprimer l'action d'une providence divine. Pour ne pas vouloir la compromettre dans la triste et effroyable mêlée des choses humaines, pour ne pas la rendre directement complice de tant de crimes et d'erreurs, nous ne croyons mériter nul reproche d'impiété. Loin de l'exclure de l'homme et de l'humanité, nous la reportons à la source même de toutes les pensées et de toutes les actions humaines, c'est-à-dire à la nature même de l'homme. L'humanité ne s'est pas faite elle-même ; cette nature, ces facultés, cette liberté surtout dont elle est douée, d'où les tient-elle, sinon de l'auteur suprême ? La nature, suivant un vieil adage, n'est que la force déposée par Dieu dans les choses : « Natura est vis a Deo insita ». Telle est l'œuvre de Dieu, tel est le vrai et unique plan providentiel, qui laisse place à l'action propre de l'homme, à la responsabilité des nations et de l'humanité elle-même. Sans doute on peut dire avec vérité que Dieu est dans l'histoire, mais il y est d'une manière médiate par l'intermédiaire de l'homme ; il y est, pour ainsi dire, à travers l'humanité.

Dieu dans l'histoire, tel est le titre d'un ouvrage de l'historien Bunsen ; mais il ne l'y met qu'au sens que nous venons de dire ; c'est en effet de la personnalité humaine qu'il fait, suivant son expression, le grand levier de Dieu dans l'histoire. Malgré les cercles où il croit l'humanité condamnée à tourner, Vico lui-même avait dit, avant Bunsen, que le monde des nations a été fait par les hommes, et qu'on doit en chercher les principes dans les facultés de l'esprit humain. Les hommes ont fait les nations, mais ils n'ont pas fait la nature humaine, ses tendances, ses facultés, et c'est de là que dérive le cours des événements.

Cette nature une fois donnée, la cause est en même temps donnée de ce qui arrive dans le monde de l'humanité. L'historien philosophe n'éprouve plus le même embarras à se rendre compte de toutes ces lignes tortueuses que suit l'humanité dans sa route, de ses pas en avant, de ses pas en arrière, de ses défaillances et de ses relèvements, des alternatives de bien et de mal, des retours plus ou moins longs à la barbarie, en plus d'un âge du monde et chez plus d'une nation. Si l'humanité était soumise à quelque loi fatale, providentielle ou cosmique, de progrès, ne la verrions-nous pas s'avancer toujours vers le même but, d'un pas égal, ferme et sûr, à travers tous les obstacles, comme les astres dans le ciel? Mais si rien n'arrive qui ne soit de l'homme et par l'homme, nous n'avons pas à nous étonner que les choses se passent d'une façon moins régulière. Ce n'est pas aux dieux ni aux destins que les nations doivent s'en prendre de leur bonne ou de leur mauvaise fortune, mais seulement à elles-mêmes. Elles peuvent se dire, comme Turnus dans Virgile :

> Numina nulla premunt; mortali urgemur ab hoste
> Mortales [1]....

Ces ennemis qui nous pressent ne sont ni des Dieux, ni des émigrés du ciel; ce sont des hommes, des mortels comme nous. Rien donc n'est dans l'histoire qui ne soit œuvre humaine, mais rien aussi qui ne soit divin à prendre les choses à leur origine, c'est-à-dire, encore une fois, à la formation même et à la nature de l'homme [2].

---

1. X[e] livre, discours de Turnus.
2. Il ne faut pas parler témérairement de Dieu et de sa providence, dit sagement l'Ecclésiaste : « Ne temere quid loquaris neque cor tuum sit velox ad proferendum sermo-

Est-ce à dire que, si tout ne va pas dans l'humanité conformément à un programme tracé d'en haut, tout y aille au hasard? Il n'y a pas de système de philosophie de l'histoire qui puisse se vanter d'avoir découvert ce programme divin et de l'avoir révélé au monde; mais, à défaut de cette science téméraire, il y a une histoire philosophique moins ambitieuse, mais plus sûre et d'une application plus utile à l'intelligence et à la prévision de la suite des faits. Cette histoire établit certaines lois, non pas *a priori*, ni déduites de quelque plan préconçu attribué à la providence, mais des lois expérimentales fondées sur l'observation des faits, comme les lois de la physique ou de la chimie. La différence est qu'elles ne présentent pas le même caractère de certitude, à cause de l'intervention de la liberté, et qu'elles réclament l'observation d'un plus grand nombre de faits, à travers le temps et l'espace, dans diverses contrées et chez plusieurs nations.

Rien ne serait plus téméraire que l'affirma-

---

nem coram Deo. Deus enim in cœlo, et tu super terram. Idcirco sint pauci sermones tui ». (V, 4.)

tion du retour à l'avenir d'un même fait social ou politique qui n'aurait été constaté qu'une seule fois, chez tel ou tel peuple et en tel ou tel temps. Toute généralisation historique fondée sur la série des causes qui produisent tels ou tels effets, tel ou tel mode de gouvernement, tel ou tel changement dans les états et la vie des peuples, doit reposer, pour avoir quelque valeur, sur une suite plus ou moins longue d'observations et de comparaisons. Encore faut-il toujours tenir compte des différences qui subsistent au sein des événements les plus semblables en apparence et qui ont échappé à plus d'un historien.

Des généralisations de ce genre, de plus ou moins de portée et d'exactitude, se rencontrent chez la plupart des historiens anciens et modernes, chez tous ceux du moins qui n'ont pas été de simples chroniqueurs. De là ces maximes générales, et dont quelques-unes sont devenues presque proverbiales, sur la succession des gouvernements, sur les conséquences de tel ou tel régime politique ou social, sur les causes des révolutions, de la grandeur ou de la chute des empires, sur l'influence du climat, des races, des institutions et des mœurs. Telle est la seule vraie science philosophique de l'histoire, celle que je trouve dans Platon, dans Aristote, dans Thucydide, dans Polybe et Tacite, chez les anciens, et, parmi les modernes, dans Voltaire, dans Montesquieu, dans Turgot, dans Condorcet, dans Guizot, pour ne pas citer les vivants.

Les plus hautes généralisations expérimentales, voilà donc en quoi consiste uniquement la vraie philosophie de l'histoire, si l'on veut conserver ce nom équivoque, ni plus ni moins que la philosophie de la chimie, de l'histoire naturelle, du droit, etc.

Parmi toutes ces généralisations historiques, la plus haute, la plus communément admise, est sans contredit celle du progrès. Mais si tous, ou à peu près, s'accordent à admettre cette loi du progrès, combien peu sont d'accord sur la façon de l'entendre et sur sa nature même! Que de visions, que de chimères qui la rendent fausse, dangereuse et quelquefois même ridicule! Pour quelques-uns, le progrès est une sorte d'idole devant laquelle ils s'inclinent et à laquelle même ils offriraient volontiers des hécatombes humaines. Ils n'écrivent même son nom, dans leur respect superstitieux, qu'avec une lettre majuscule, comme si c'était celui de Dieu lui-même.

Pour savoir ce que nous avons à faire, ce que nous avons à craindre ou à espérer, pour conjurer les dangers qui nous menacent, il importe de bien nous rendre compte de la nature, des conditions et des limites du progrès, d'analyser les divers éléments dont il se compose, et de montrer les rapports de ces éléments les uns avec les autres.

De tous les progrès, celui qui nous importe le plus, qui d'ailleurs est le soutien, comme nous le verrons, de tous les autres, le seul qui les préserve de la corruption, c'est le progrès moral.

Sommes-nous pires, ou devenons-nous meilleurs, ce qui ne veut pas dire sommes-nous plus instruits, plus industrieux, plus habiles et avisés, mais sommes-nous plus honnêtes, plus vertueux? voilà ce dont il importe, avant tout, de nous rendre compte. Pascal a bien distingué ces deux ordres de progrès : « Les inventions des hommes, dit-il, vont toujours en augmentant, mais la bonté et la malice restent les mêmes ».

Sainte-Beuve cite cette pensée de Pascal dans son *Histoire de Port-Royal*[1], puis il ajoute, avec sa pénétration ordinaire : « C'est là un correctif essentiel que je voudrais voir placé en tête de toutes les grandes théories du progrès ». Pour ma part, s'il m'est permis de me citer, je crois pouvoir me ranger au nombre des moralistes qui, dans leurs théories du progrès, n'ont pas négligé ce correctif essentiel. Il y a déjà un certain nombre d'années, j'ai consacré tout un livre, *Morale et Progrès*, à démontrer que bonté et malice, pour parler comme Pascal, ne se comportent pas de la même manière que les inventions dans les développements de l'humanité. Il est certain que les inventions vont en augmentant ; quant à la bonté, il se peut qu'elle n'augmente pas, ou même qu'elle diminue. Nous mettrons ces deux ordres de choses en

1. Liv. III, chap. III.

parallèle, et nous ferons voir de quelle façon différente ils se comportent, tout en étant dans une étroite relation l'un avec l'autre.

Pour tous les gens sensés, les appréhensions que je manifestais sur l'avenir, il y a quinze ou vingt ans, et les périls que je signalais, dans l'ouvrage que je viens de rappeler, n'ont fait qu'augmenter par l'aveuglement fanatique de ceux qui nous gouvernent, par le progrès de l'œuvre détestable, au point de vue moral et religieux, qu'ils poursuivent sans relâche dans toutes les branches de l'éducation nationale, et principalement dans l'instruction primaire.

Qu'arriverait-il de toute notre civilisation si, au lieu de diminuer ou de rester la même, la malice allait en croissant? Quel fondement est à faire sur la civilisation sans la morale, et quel fondement sur la morale elle-même sans l'élément religieux? C'est faute des distinctions nécessaires qu'il y a eu, et qu'il y a encore, tant de débats contradictoires et passionnés sur cette question du progrès, entre des adversaires d'égale bonne foi, entre ceux qui le nient d'une manière absolue, ou ne l'admettent que sous certaines restrictions et réserves, et ceux pour lesquels c'est un article de foi, qui y croient en tout, pour tout, j'ajoute, en dépit de tout. On pourrait faire une longue et piquante liste des termes injurieux, des sobriquets ironiques et méprisants échangés entre les uns et les autres dans cette vieille polémique qui, sous des formes plus ou moins nouvelles, se reproduit avec un redoublement de vivacité, à toutes les révolutions, à tous les changements de régime politique ou social. Les uns et les autres peuvent avoir tort ou raison, suivant le sens dans lequel ils entendent ce mot si vague de progrès, et surtout le mot, encore plus vague et plus ambitieux, de perfectibilité, qui d'ordinaire signifie tous les progrès, non seulement possibles, mais purement imaginaires, rêvés par les utopistes du xviiie siècle et par ceux de notre temps.

Pour éviter les illusions et les équivoques, commençons par retrancher tout ce qui n'est pas susceptible de changement, tout ce qui dans l'humanité n'est perfectible en aucun sens. En premier lieu, il faut mettre à l'écart la nature même de l'homme dans ce qu'elle a d'essentiel, quels que soient d'ailleurs ses divers degrés de culture et de développement. De sauvage, de barbare, l'homme peut devenir civilisé et changer de mœurs ; d'ignorant qu'il était, il peut devenir un lettré, un savant. Sans doute l'homme d'aujourd'hui, à bien des égards, n'est pas le même que l'homme d'il y a mille ans, ni celui d'il y a mille ans que l'homme de temps plus anciens. Mais, quels que soient ces changements, une ressemblance fondamentale subsiste, celle de sa nature, c'est-à-dire de la nature humaine elle-même. L'homme est resté, et il restera le même dans les traits constitutifs de sa conformation physique, intellectuelle et morale ; il ne lui poussera pas des ailes pour voler, il ne deviendra pas un ange, en dépit de tous les processus, comme on dit aujourd'hui, ou de toutes les évolutions ; il n'aura pas une faculté, pas une passion de plus, il n'en aura pas une de moins. Le degré et la forme du développement des facultés varient, mais non les facultés elles-mêmes. Les méthodes, les machines, les inventions, les ressources de tout genre ont augmenté à l'infini, mais rien ne prouve que se soit accrue la vigueur naturelle des esprits. Quelque grande que soit la différence entre un sauvage et Descartes, la différence, comme l'a dit Descartes lui-même, n'est pas dans le nombre des facultés, mais dans la culture, dans la méthode, dans la force de l'attention et de la réflexion.

Il en est du cœur humain comme de l'esprit. Les mêmes sentiments, variables aussi dans leurs formes et leurs manifestations, délicats ou grossiers, nobles ou vils, se retrouvent dans la nature humaine de tous les lieux. Dans les drames imaginaires du théâtre, comme dans les drames de la vie réelle, partout ce sont les mêmes ressorts qui font vibrer le cœur humain. Si haut que vous remontiez dans l'histoire, et jusque dans les premières légendes du monde, vous voyez les hommes agir en vertu des mêmes passions. Le premier fratricide a eu pour mobile l'envie ou la jalousie, qui n'ont pas péri, et même il a été l'objet d'une non moins vive réprobation que les fratricides d'aujourd'hui. Caïn, qu'as-tu fait de ton frère ? La même voix depuis le commencement a retenti dans les consciences de tous les assassins.

« Les dehors de l'homme changent, a bien dit Fontenelle, mais les cœurs ne changent pas. » Or si le cœur n'est pas tout l'homme, il en est certainement une bien grande part. Voltaire n'a pas dit avec moins de vérité : « L'homme, considéré dans sa nature en général, a toujours été ce qu'il est ; il a toujours le même instinct qui le porte à s'aimer lui-même dans sa compagne, dans ses enfants ».

Quelle n'est pas la naïveté de ces réformateurs visionnaires qui ont imaginé que l'homme transformé revêtirait un jour quelque nature nouvelle, qu'il renoncerait à la famille, à la propriété, qu'il mettrait tout en commun, qu'il ferait le bien sans effort, qu'il n'aurait plus à souffrir ni à combattre, et que la mort, si elle n'était supprimée, serait au moins indéfiniment reculée !

Laissons donc la nature humaine, qui ne comporte pas en elle-même de changement, pour considérer les résultats de notre activité et de nos facultés, de nos idées et de nos œuvres en qui seuls sont la matière et le champ du progrès.

Encore ici y a-t-il des restrictions à faire et des lignes de démarcation à tracer. D'abord, dans cela même qui est perfectible, il faut distinguer ce qui n'est perfectible qu'au sein même d'un individu, ce qui demeure enfermé au dedans de lui, de ce qui se continue, se transmet d'un individu à l'autre, et dont la somme peut aller en croissant de génération en génération.

Nous devons exclure du progrès général tout ce qui ne se laisse pas détacher de l'individu, ce qui ne naît qu'avec lui, et ce qui meurt nécessairement avec lui, en un mot tout ce qui est essentiellement personnel; tels sont l'imagination, l'inspiration, le génie, et tout ce qui ne dépend que des dons de la nature ou bien de la volonté et de l'empire sur soi. Ainsi l'art et la vertu sont sans doute susceptibles de perfectionnement, mais d'un perfectionnement purement individuel.

Aussi combien sont différentes les destinées des beaux-arts et celles des sciences qui vont sans cesse de progrès en progrès! Le seul côté par où les beaux-arts sont susceptibles de se perfectionner, en dehors du génie de l'artiste, c'est la partie technique, les procédés, le savoir-faire qui relèvent de la science et de l'industrie et non de l'art lui-même. Un peintre, un sculpteur d'aujourd'hui ont une palette mieux garnie et des instruments plus perfectionnés qu'Apelle ou Phidias, mais ont-ils plus de génie? Les plus grands savants de l'antiquité sont infiniment dépassés par la moyenne des savants de notre temps, même par les élèves de nos écoles, tandis que les plus grands artistes, les plus grands poètes du siècle de Louis XIV, ne dépassent pas, si même ils égalent, ceux du siècle de Périclès. S'il y avait continuité de progrès pour les arts, comme pour les sciences, notre École des beaux-arts ne serait pas moins peuplée de Phidias ou de Raphaëls que l'École polytechnique d'habiles mathématiciens. L'intelligence, les idées, l'élément intellectuel et scientifique, voilà la seule carrière, carrière sans fin, ouverte au progrès général de l'humanité.

Le progrès intellectuel lui-même doit se diviser en deux grandes branches, le progrès dans l'ordre physique, dans les sciences physiques et dans tout ce qui en dépend, et le progrès des idées morales, dans l'ordre social, dans la morale elle-même, comme science, et dans toutes les sciences morales et politiques. Nul aujourd'hui, même parmi les plus mécontents du présent et les plus épris du passé, ne s'avise sérieusement de nier le progrès des sciences physiques, de l'industrie, des machines, des découvertes et des inventions en tout genre. Ce progrès n'a pas été reconnu et proclamé seulement de nos jours, ou à la fin du XVIII° siècle, mais dans l'antiquité elle-même, par Aristote, par Sénèque, alors qu'il était, pour ainsi dire, bien près de ses débuts, et n'avait pas encore l'éclat dont il devait briller plus tard.

Le progrès de l'élément purement intellectuel et scientifique n'a pas été sans doute également manifeste et rapide en tous les temps et en tous les lieux; il a éprouvé des langueurs, des défaillances, sinon même des intermittences. Il a pu être contrarié, ou même interrompu, soit par des invasions de barbares, soit par des guerres civiles ou étrangères et des bouleversements sociaux, soit par de grandes calamités physiques. Mais, si parfois il s'arrête, ou se dérobe au regard, s'il recule, ou paraît reculer, en des temps plus propices il reprend sa marche, à partir du point même où il était antérieurement parvenu. En général, tout ce qui dans cet ordre de progrès est acquis, demeure acquis, et devient le point de départ de nouvelles acquisitions. J'ai entendu parler d'un livre intitulé *Reperta nova antiqua*. S'il y a eu des découvertes à nouveau de choses anciennement découvertes, je ne pense pas qu'elles aient été en grand nombre et de grande importance, et les pertes ont été bientôt réparées.

Une de ces pertes, dont parlent les historiens, est celle du feu grégeois, fort peu regrettable sans doute pour le bien de l'humanité, et dont nous sommes si bien dédommagés aujourd'hui par la dynamite, la mélinite et autres substances, ou moyens plus puissants de destruction. Ainsi les gains font-ils plus que compenser les pertes, et, s'ajoutant sans cesse les uns aux autres, ils augmentent la puissance de l'homme sur la nature et améliorent les conditions de la vie matérielle.

Toutes les idées d'ailleurs sont également transmissibles. Le progrès des idées morales n'est pas moins réel que celui des autres idées. Ce ne sont pas seulement les inventions et les découvertes matérielles qui s'ajoutent les unes aux ar'.res, et grossissent le patrimoine de l'humanité, mais toutes les idées sans exception, de quelque ordre qu'elles soient, de l'ordre moral comme de l'ordre physique. De même que les lumières sur la nature matérielle, se transmettent aussi les lumières sur la nature de l'homme, sur la société et son organisation, sur la justice, sur les devoirs et les droits.

Ce progrès des idées morales ne frappe pas autant les yeux et n'est pas aussi évident que le progrès des notions de physique et d'histoire naturelle ou des inventions de l'industrie. Il a lieu plus lentement, d'une façon plus latente et moins sûre, que le progrès des inventions matérielles dont les bons et utiles effets se voient, se touchent et s'apprécient aisément. La valeur des idées morales est plus sujette à être discutée et méconnue; n'étant pas susceptibles des mêmes démonstrations, elles ont à lutter contre plus de préjugés, et surtout contre des coutumes et des iniquités enracinées, contre des intérêts et des passions. Cependant, malgré tous les obstacles, nous voyons tôt ou tard triompher, je ne dis pas dans la pratique, mais dans la spéculation et la théorie, celles qui sont conformes à la vérité et à la justice.

D'abord elles ne se rencontrent que dans l'esprit et les enseignements de quelques sages, philosophes ou moralistes. Mais des écrits et des leçons de ces hommes d'élite elles passent peu à peu, par une foule de canaux, jusque dans la multitude elle-même. Un jour enfin arrive où elles prennent rang parmi les vérités acquises, un jour où elles font partie de la raison commune, et obtiennent désormais leur place dans les sciences morales, comme l'électricité ou le magnétisme dans la physique. Combien ce progrès n'est-il pas sensible, si vous comparez, à la distance de quelques siècles, les institutions, les codes, les lois de tel ou tel peuple! si vous comparez l'antiquité au moyen âge, et le moyen âge aux temps modernes!

Une fois répandues dans les esprits, les vérités morales tendent à passer de la science pure dans l'ordre des faits et des applications. Des lois plus humaines et plus justes remplacent successivement des lois iniques et barbares, l'organisation sociale devient de plus en plus conforme à la justice et à l'équité. Grâce à ce progrès des idées et des sciences morales et politiques, la législation de notre temps est aussi supérieure à celle de Lycurgue, de Solon, ou bien des Douze Tables, que l'astronomie de Copernic à celle de Ptolémée. La vie, la liberté, la propriété des citoyens sont mieux garanties, du moins en temps ordinaire, hors des révolutions et des crises.

La violence n'a pas encore disparu du monde actuel; mais elle n'est plus la règle, elle est l'exception; exception, il est vrai, redoutable, et encore trop fréquente, qui reste aujourd'hui même, et à l'heure qu'il est, comme une menace suspendue sur nos têtes. En dehors des lois, il y a un adoucissement dans les mœurs. Il s'en faut bien sans doute que nous en soyons à cette ère de la paix perpétuelle rêvée par des âmes pleines de générosité, mais aussi d'illusion.

L'Europe tout entière est en armes ; jamais il n'y eut tant d'hommes dressés pour combattre et pour tuer, jamais tant de soldats l'arme au bras sur toutes les frontières. La guerre, une fois engagée, se poursuit impitoyablement ; nous en avons fait la triste expérience. Toutefois elle est moins barbare qu'aux temps passés ; la croix rouge de Genève protège plus ou moins les malheureux blessés des deux partis, les vaincus comme les vainqueurs, contre les bombes et les obus. Enfin nous vivons dans un ordre social relativement meilleur, quoique encore mal assuré.

Voilà dans son ensemble, esquissé à grands traits, le double progrès matériel et moral en quoi consiste la civilisation. Mais pour qu'elle se maintienne et se développe, il faut quelque chose de plus qui n'est pas du domaine de la pure intelligence et des idées ; il lui faut un élément de vie, sans quoi elle est exposée à périr, malgré tous les progrès scientifiques et intellectuels, malgré même tout le progrès des idées morales. Appliquons-nous maintenant à montrer quel est cet élément de vie et son rôle essentiel dans le développement des sociétés humaines.

II

DE L'ÉLÉMENT MORAL

Définition de l'élément moral. — Conséquences sociales de l'affaiblissement de cet élément. — Transfèrements d'hégémonie d'un peuple à un autre. — Nul empire stable sans les forces morales. — Perfectibilité de l'élément moral limitée à la personne elle-même. — Les plus instruits sont-ils toujours les meilleurs ? — Où mènent une société les défaillances morales. — Nous ne subsistons que par un reste de vertu. — Ce qu'il y a de meilleur peut devenir le pire. — Témoignages et appréhensions des sages de la république. — Comment, sans la morale, peuvent tourner au profit du mal tous les progrès scientifiques. — L'art des falsifications en avance sur l'art de les découvrir. — Prédiction sinistre de Mercier sur les destinées de Paris. — De l'usage des richesses. — Point de bon usage des richesses sans la moralité.

Je ne méconnais pas, on vient de le voir, le progrès des lumières intellectuelles, ni même celui des lumières morales à travers les âges; je crois avoir fait au progrès une assez large part pour qu'on ne puisse m'accuser, sans quelque injustice, de parti pris contre le progrès, contre la civilisation et le temps présent. Mais après avoir admiré du dehors ce grand et brillant édifice de la civilisation moderne, il y a lieu d'examiner s'il est aussi solide dans ses fondements que superbe et magnifique dans ses apparences. Ne lui manque-t-il pas quelque élément essentiel de solidité et de durée?

Je vais encore ici parler du progrès moral, mais à un autre point de vue que dans le chapitre précédent, où je l'ai considéré seulement dans l'ordre des idées et comme une branche du progrès intellectuel. Nous avons maintenant à voir si, en dehors de la spéculation et de la science, en dehors des idées, il y a un progrès parallèle au regard de la bonne volonté, des bonnes mœurs et de la bonne conduite. Pour éviter l'équivoque, si féconde en erreurs, de ce double sens du progrès moral, j'appellerai désormais élément moral ce qui est du domaine des volontés, des actes et des intentions, tout ce qui constitue la force morale et la vertu.

Supposez que la somme existante de malice, au lieu de diminuer, aille en augmentant au sein d'une société civilisée quelconque, pour ne pas mettre la nôtre directement en cause, qu'adviendrait-il de tous ces autres progrès que nous venons d'énumérer, qu'adviendrait-il de la civilisation elle-même? Ma ferme conviction est qu'il n'est pas d'ordre social qui ne fût au risque imminent de se désorganiser et de se dissoudre, quelque bien policé et quelque solide qu'il pût sembler, à ne considérer que les dehors et la surface. Quelle instabilité, quelles intermittences, quels retours en arrière, quels bouleversements, pour cause de corruption, dans l'histoire même des peuples les plus civilisés! Depuis cent ans, jusqu'au jour où nous sommes, c'est-à-dire à la veille du fameux centenaire, il y a eu chez nous plus d'une année terrible, et non pas une seule. Qui sait combien d'autres non moins terribles peut voir la génération présente?

Il est vrai que, malgré ces alternatives et ces crises, la civilisation ne meurt pas en tout lieu, et ne disparaît pas de la face de la terre. Compromise, bouleversée chez tel ou tel peuple, elle y renaît plus tard, ou bien elle change de place et s'en va fleurir sur quelque autre rivage. Où son flambeau avait jeté le plus vif éclat, nous le voyons pâlir et s'éteindre pour s'en aller briller ailleurs, au nord ou au midi, à l'orient ou à l'occident, chez quelque peuple, moins éclairé peut-être, mais moins corrompu. Ces éclipses ou ces transfèrements de la civilisation, semblables à ceux de la grâce dont Fénelon a si éloquemment parlé, dans son sermon sur l'Épiphanie, sont bien faits pour nous donner à penser et à craindre. Que d'ennemis au dehors, quelle formidable coalition pour nous écraser! Que d'ennemis au dedans, plus dangereux encore peut-être, qui n'attendent qu'une occasion et un signal! Par la faiblesse de l'autorité, par l'affaissement des courages, faute de ressort moral, nous risquons de devenir tour à tour la proie des uns et des autres, sinon de tous les deux à la fois. Des peuples, non pas plus lettrés et plus savants, ni plus raffinés en fait d'art, de luxe et de délicatesses de tout genre, mais moins corrompus, plus disciplinés, doués de plus de vertus morales et civiques, peuvent être encore une fois nos vainqueurs. Pour juger de la puissance d'un empire, de ses chances de durée et de progrès, il faut considérer les forces morales, et non pas seulement les forces matérielles. Gardons-nous de prendre pour unique mesure les richesses, les raffinements du bien-être, la politesse des mœurs, le degré même de culture intellectuelle ; mettons en compte, et en première ligne, les âmes, les caractères, les courages, les vertus morales et civiques. J'entends craquer, je vois s'affaisser un ordre social et politique qui ne repose pas sur ces fondements.

Qu'arriverait-il de la tour Eiffel si elle était fondée sur le sable? Plus elle serait élevée, et plus grande serait la chute. De même en sera-t-il de notre civilisation si elle ne repose sur le roc qui n'est autre chose que l'élément moral.

Tâchons de préciser encore davantage la nature et le rôle de cet élément essentiel. Il est le soutien et la condition du progrès, mais lui-même il n'est pas progressif. Hélas! que ne l'est-il, comme la science! De même qu'à bon droit nous nous vantons d'être plus instruits que nos aïeux, de même aussi nous pourrions nous vanter d'être meilleurs, et toutes choses sans doute iraient mieux dans le monde et surtout chez nous.

Mais n'est-ce pas une erreur de nier le progrès dans la sphère du bien et la vertu? N'est-ce pas aller contre le sentiment de bien des sages et même contre l'opinion commune? Pour achever de dissiper tout malentendu, pour couper court aux objections, revenons un peu à la distinction, déjà faite, entre le progrès général de l'humanité, à savoir le progrès intellectuel qui s'étend et se transmet de génération en génération, et le progrès purement individuel et personnel, que chacun emporte avec lui dans la tombe.

Ce progrès, le seul qui soit propre à l'élément moral, chacun de nous peut et doit l'accomplir en lui-même; c'est là même le grand devoir qui comprend tous les autres. Mais ce perfectionnement individuel ne s'étend pas hors de nous-mêmes; c'est l'œuvre de notre volonté propre, l'œuvre personnelle par excellence, qui ne saurait entrer dans le patrimoine général de l'humanité, par addition et par accumulation successive des efforts et des bonnes volontés de chacun, comme il en est des idées et des inventions.

Il se forme de siècle en siècle un héritage, un fonds commun de science, de plus en plus considérable, où chacun peut puiser à volonté pour acquérir tout ce qui a été acquis avant lui, et pour y ajouter à son tour. Il n'en est pas de même, comme nous l'avons déjà fait entrevoir, de ce que nous avons compris sous le nom d'élément moral, il n'en est pas de même de la vertu, pas plus que du génie. En vain se succèdent, et se sont succédé dans le monde, des générations d'hommes de bien, des hommes honnêtes, justes, vertueux, courageux, il ne se forme pas un trésor accumulé de leur moralité et de leurs vertus où chacun n'ait plus qu'à puiser pour devenir plus facilement, à son tour, grâce au travail et au mérite des ancêtres, un homme de bien agissant en toutes choses suivant la conscience et le devoir. L'hérédité, quoi qu'on ait pu dire, n'y fait rien.

J'accorde qu'elle transmette un sang plus ou moins bon, telle ou telle qualité ou vice organique; je concéderai même qu'elle communique certaines dispositions plus ou moins heureuses des pères aux enfants. Mais les meilleures dispositions resteront stériles, ou même tourneront à mal, selon qu'elles seront ou ne seront pas cultivées, selon qu'elles seront bien ou mal dirigées. Quant à l'élément moral lui-même, il échappe totalement à l'hérédité.

C'est donc une tâche qui demeure toujours la même pour tous, que chacun doit reprendre, pour l'accomplir tout entière par ses propres forces et pour son propre compte. Aux pères les plus nobles que de fils indignes ont succédé! Après les Romains des beaux temps de la république sont venus les Romains de la décadence. Ni père, ni maître, ni magistrats, ni codes ne nous dispensent du bon vouloir, de l'effort personnel, de l'empire sur soi, sans lesquels il n'y a que les dehors trompeurs de la vertu, et non la vertu elle-même. C'est là une chose, comme a bien dit Sénèque, qui n'admet pas de délégation : *ista res delegationem non recipit* [1].

Après avoir ainsi constaté cette différence essentielle de l'élément intellectuel et de l'élément moral, voyons comment ils se comportent l'un à l'égard de l'autre et quelles sont les

---

[1]. Epître xxvi.

conséquences, mauvaises ou bonnes, de leur trop grande disproportion ou de leur rapport harmonieux. Si l'élément moral ne peut croître par accumulation, de la même manière que l'élément intellectuel, il peut augmenter cependant ou diminuer, mais seulement par le nombre des individus vertueux, par le nombre des hommes actuellement existant dans l'âme desquels il a son foyer pour ainsi dire, et suivant le développement, le degré de force qu'il a en chacun d'eux. Il diminue quand il ne se renouvelle pas chez le même nombre à chaque génération, ou bien qu'il perd de sa force chez les nouveaux venus sur la scène sociale.

Il n'y a sécurité pour le progrès et la civilisation qu'autant que ces deux éléments soient en une certaine harmonie, qu'autant du moins que l'élément moral ne demeure pas en arrière de l'élément intellectuel, et quand, au lieu de s'affaiblir, il va se fortifiant davantage à mesure que les lumières se développent. Malgré les illusions de quelques esprits trop confiants et trop optimistes, trop souvent cette harmonie manque chez les peuples, comme chez les individus. Telle était, par exemple, l'erreur de l'abbé Grégoire disant à l'Assemblée constituante, à la veille même des plus grands crimes, que la vertu a toujours sa place à côté des lumières et de la liberté. Combien d'individus éclairés qui sont sans force pour le bien, mous, vicieux, corrompus! Combien même qui sont d'autant plus pervers qu'ils sont plus éclairés!

Il en est des sociétés comme des individus. Il y a des populations fort peu instruites, les populations rurales par exemple, qui lisent peu, qui écrivent encore moins, qui ne savent que fort peu ou point du tout de géographie, qui comptent sur leurs doigts, mais qui sont fortes, courageuses, honnêtes, de bonnes mœurs, tandis que, dans les grandes villes, dans les faubourgs, dans les fabriques et les usines, la corruption semble marcher de pair avec l'instruction laïque et obligatoire.

On connaît ces cartes de France où les départements sont teintés de toutes les nuances, du blanc au noir, suivant le nombre de ceux qui savent ou qui ne savent pas lire et écrire. Dernièrement, à la tribune du Sénat, un ministre de l'instruction publique, grand chimiste, mais moraliste médiocre, étalait une de ces cartes où la Bretagne était marquée en noir, pour se justifier d'un jugement peu favorable qu'il avait légèrement porté sur les Bretons dans une séance précédente. Que ce ministre, ou quelqu'un de ses collègues, le ministre de la guerre ou de la marine par exemple, ait besoin d'une troupe d'hommes dévoués, courageux, fidèles, disciplinés, il les trouverait peut-être chez ces mêmes Bretons plutôt que chez des populations marquées d'une teinte plus claire. S'il y avait des cartes du même genre, avec des départements teintés de nuances plus ou moins sombres selon le degré de la moralité, je crois que les Bretons prendraient leur revanche et que les teintes seraient bien souvent à l'inverse l'une de l'autre, surtout depuis que l'instruction dans les écoles est telle que la donne la République. N'a-t il pas été constaté que là où il y a le plus de conscrits illettrés, il y a le moins d'accusés?

Je ne fais pas peu de cas des progrès de l'élément intellectuel, du progrès des lumières, des sciences, de l'industrie ; mais, s'il était nécessaire d'opter, je n'hésiterais pas à donner la préférence à l'élément moral. L'honnêteté sans les lumières est un moindre péril que les lumières sans l'honnêteté.

« Nous ne subsistons, a dit M. Renan, cette fois bien inspiré, que par un reste de vertu [1]. » Je crois qu'il faut ajouter par un reste d'enseignement religieux qui, joint à l'enseignement moral, doit encore laisser des traces pendant quelques années.

S'il est possible qu'une société d'athées subsiste, ou, ce qui revient au même, une société de matérialistes, suivant une hypothèse célèbre dans laquelle Bayle a paru se complaire, c'est, j'imagine, à la condition qu'ils ne soient pas des athées ou des matérialistes effectifs et parfaits, et qu'il leur soit resté quelque chose de ces sentiments spiritualistes, et même religieux, dont ils se vantent par fanfaronnade d'être pour toujours entièrement affranchis.

Ces précieux restes sont aujourd'hui notre

---

1. Discours à l'Académie française, réponse à Cherbuliez.

espoir suprême, notre ancre de salut. Quel n'est pas le vertige de ces singuliers hommes d'État, grands ou petits, qui, au lieu de les cultiver, s'attachent à les détruire, à les extirper dans leur germe, de l'âme même des enfants, avec une sorte d'acharnement diabolique! Supposez qu'ils y réussissent, et qu'il ne reste plus rien de ces sentiments moraux et religieux qui se tiennent si étroitement ensemble et se fortifient les uns par les autres, tout tombe en corruption, et les meilleures choses tendent à devenir les pires. Quoi de meilleur, par exemple, que la liberté, mais quoi de pire, quoi de plus perfide, quand des gouvernants et des sophistes, sans nul scrupule, en font un prétexte d'oppression, et la retournent, pour ainsi dire, contre elle-même! C'est aussi sans doute une bonne chose que le choix des représentants remis à l'universalité des citoyens; mais quoi de pire quand, par l'ignorance, l'égoïsme, l'envie, les intérêts et les passions, les choix ne vont plus qu'aux plus médiocres ou même aux plus mauvais!

Rien de meilleur encore que les lois; mais

quoi de plus pernicieux et de plus perfide quand elles deviennent l'arme même et l'instrument de l'arbitraire contre lequel elles étaient destinées à nous garantir, quand elles sont arbitrairement appliquées et interprétées, impunément violées, de front ou de biais, par des magistrats épurés, serviteurs dociles des passions des ministres, des députés et des préfets! Il n'est pas besoin de faire ici le tableau de tant de scandales, d'abus, d'injustices qui s'étalent au grand jour dans la presse, dans les Chambres, dans les tribunaux, dans les cris de la rue. Jusqu'où la corruption n'a-t-elle pas pénétré et où n'avait-elle pas établi, pour notre honte à tous, un de ses principaux sièges? De quoi dans ce temps-ci n'a-t-il pas été fait trafic et marchandise? L'empire à Rome a été un jour à vendre; doit-il en être de même chez nous de la république?

Je veux bien que la république en elle-même soit de toutes les formes de gouvernement la plus conforme à la raison, la plus en harmonie avec les droits de tous. Oui, sans doute, mais à la condition qu'elle repose sur le fondement que lui a donné Montesquieu, c'est-à-dire sur la vertu, ou, comme nous disons, sur l'élément moral. Si nulle forme de gouvernement ne peut se passer de cet élément, celle-là en effet peut-être encore moins que toute autre, puisque nul autre régime ne donne carrière à autant d'ambitions, d'intrigues, de sentiments envieux, de passions dangereuses, quels périls la société n'a-t-elle pas à courir avec le suffrage universel, même avec des amendements comme ceux de la loi du 31 mai, si le préservatif de l'élément moral vient à manquer!

Je n'aurai garde d'invoquer les témoignages qui pourraient sembler suspects, de ceux qu'on appelle des cléricaux, des conservateurs ou des réactionnaires. Je préfère les aveux des républicains eux-mêmes. Quelles ne sont pas leurs doléances, leurs alarmes, leurs sombres appréhensions, aux États-Unis, comme en France!

Voici deux lignes d'Horace Mann, ce grand citoyen des États-Unis, cet apôtre dévoué de la démocratie et de l'instruction populaire, qui sont bonnes à méditer en France : « Tout ce qui a été dit, et dit avec vérité, de l'excellence de nos institutions, si elles sont appliquées par un peuple sage, doit être renversé si le peuple est corrompu [1]. » Que de faits énormes, éclatants, de corruption, de dilapidation, de concussion sont venus confirmer dans sa patrie même les paroles d'Horace Mann !

Pour revenir chez nous et pour citer un des doyens les plus respectables de notre république, où est-elle cette démocratie sage, tempérante, courageuse, tolérante, que réclame M. Barthélemy-Saint Hilaire pour le salut de la république [2]?

Il n'est pas permis de mettre en doute la bonté du progrès des lumières, du progrès de l'industrie dans l'ordre intellectuel, mais c'est à la condition du concours de l'élément moral. Voyons ce qui peut arriver, et ce qui arrive, si la moralité fait défaut ou reste en arrière. La science elle-même, dans ses applications, deviendra pernicieuse et malfaisante aux mains de gens sans conscience. La plupart des inventions et des découvertes sont susceptibles de

---

1. *De l'importance de l'éducation dans une république*, brochure in-8. Paris, Lechevalier, 1873.
2. *A la démocratie française.*

servir au mal, non moins qu'au bien, selon ceux qui les exploitent. Telle substance nouvelle, utile pour l'industrie ou la médecine, sera un poison mortel, un poison perfectionné qui ne laissera pas de traces. Ces engins, ces nouvelles et formidables substances explosibles qui ne doivent servir qu'à défendre la patrie contre l'ennemi et à repousser l'invasion, des scélérats s'en empareront pour les pires desseins. Si Paris doit être par eux incendié de nouveau, ce sera par des moyens perfectionnés et d'une manière encore plus scientifique. Combien Érostrate n'est-il pas dépassé! Le revolver qui se cache dans les poches est plus souvent employé à assassiner les autres qu'à se défendre soi-même.

Avec ces nouveaux moyens de destruction quel mal ne peuvent pas faire, non seulement les anarchistes, mais des gouvernements ou des nations qui mettent la force avant le droit? Le monde épouvanté n'aura peut-être jamais vu encore la destruction et le carnage sur une aussi grande échelle. Voilà où se consument l'or des nations et une partie du génie inventif de nos savants et de nos ingénieurs. Ce que demandent aujourd'hui à la science, non pas des barbares, mais les nations les plus civilisées de l'Europe, ce n'est pas le moyen d'adoucir le sort des hommes, mais le moyen de les exterminer sur terre et sur mer, en plus grand nombre à la fois et dans le moins de temps possible.

A la fin du xvii° siècle, La Bruyère disait : « Les hommes ont enchéri sur les moyens de se détruire réciproquement [1] ». Que dirait-il du temps présent, lui qui, d'ailleurs, a fait en quelques lignes, d'une terrible ironie, une si vive et si repoussante peinture des maux de la guerre et de la folie des combattants ? Quel avenir encore plus sanglant ne nous prédirait-il pas, à moins que quelque souffle de paix et de justice ne vienne enfin à passer sur le monde ?

Il est vrai que les mêmes sciences qui abondent en procédés, en recettes, en combinaisons de tout genre pour tromper, falsifier et tuer, fournissent aussi, par une sorte de compensation, les moyens de découvrir la fraude et de

1. *Du Souverain et de la République.*

se mettre en garde. Dans l'industrie, comme dans la guerre, il y a un développement, plus ou moins parallèle, une sorte d'émulation entre les progrès de la défense et ceux de l'attaque. Un certain nombre de fraudes n'échappent pas aux analyses du laboratoire municipal. Mais elles se reproduisent si vite, sous tant de formes, et toujours de plus en plus habiles à se déguiser qu'elles devancent trop souvent les moyens de les découvrir. Le contrepoison ne vient qu'après le poison.

« Les sciences, a dit Leibniz, qui apprennent à faire du mal croissent avec tant de succès qu'il serait à souhaiter que les sciences du réel et du salutaire puissent suivre celles du fard et du nuisible [1]. » Quels progrès n'ont pas faits ces sciences du nuisible et du fard, c'est-à-dire de tout ce qui n'a du réel que l'apparence, et de tout ce qui peut empoisonner ou tuer!

Dans un chapitre de son *Tableau de Paris* qui a pour titre : « Ce que deviendra Paris », Mercier, il y a plus d'un siècle, s'inquiétait

---

[1]. *Discours sur la méthode de la certitude.*

déjà pour l'avenir de Paris de ces progrès, ou de ce que j'appellerai le mal scientifique. « Les fléaux de la nature ne sont plus rien, dit-il, en comparaison de ceux que l'homme a créés pour sa ruine et pour la ruine des cités populeuses qu'il habite. » Ne semble-t-il pas qu'il ait entrevu la Commune, le pétrole et la dynamite? Bientôt il sera au pouvoir de quelque misérable malandrin, anarchiste ou socialiste, de faire sauter tout un quartier de Londres ou de Paris. Cependant ne soyons pas, à notre tour, un prophète de malheur; ne crions pas sur les places publiques : Encore quarante jours et Ninive sera détruite! Mais soyons vigilants, et gardons-nous d'une foi absolue dans un avenir de paix et de félicité.

Il est bon d'être riche, pour les États et pour les individus, mais c'est à la condition de bien user de la richesse. Or le bon usage de la richesse a, pour principale sinon pour unique garantie, la moralité. Hors la moralité, quels instruments et quelles excitations dans les richesses, pour le mal et la corruption! Tous les moralistes, anciens et modernes, ont signalé leurs pernicieux effets sur les sociétés où le ressort moral est affaibli. Par l'amour du plaisir, l'oisiveté, la mollesse, le relâchement des mœurs, elles abattent les courages, elles accélèrent la ruine des empires. Les riches sont un fléau pour l'État s'ils n'accomplissent pas les devoirs que la richesse impose [1]. Au moins faudrait-il garder la force et le courage nécessaires pour défendre ses milliards contre des ravisseurs étrangers ou contre les pillards du dedans. Prenons garde qu'ils ne soient une tentation et comme une proie offerte à d'autres plus courageux qui, par de là nos frontières, toujours éveillés et de plus en plus avides, guettent le moment opportun pour s'en emparer. Ils en ont déjà goûté, ils veulent en goûter encore. Ce n'est pas le progrès intellectuel et scientifique, sans le concours de la force morale, qui nous sauvera. Il est bon d'avoir la bourse bien garnie, mais à quoi cela servira-t-il si nous n'avons pas la force de la

---

1. Sur les devoirs que la morale impose aux riches, voir un récent opuscule de M. Courcelle-Seneuil : *la Morale et l'usage des richesses*.

défendre contre le premier voleur qui se rencontrera au coin d'un bois? « De toutes les mauvaises choses, a dit un grand romancier anglais, il n'y en a pas de pires que les bonnes quand on en fait un mauvais usage [1]. » Nous venons d'en donner amplement les preuves.

1. Dickens, *Barnabé Rudge*.

III

DE L'IRRÉLIGION DANS L'ÉDUCATION

Comment faut-il juger de la valeur des maîtres et des écoles? — Comparaison des résultats moraux. — Du dernier des soucis de nos hommes d'État. — Danger de l'instruction sans la moralité. — Une page de Maudsley. — Proscription de l'instruction religieuse. — Inefficacité de l'enseignement des devoirs dans l'école sans le nom de Dieu. — Témoignages de philosophes rationalistes et de libres penseurs. — Expérience dangereuse dans les lycées de filles. — Nulle amélioration possible du sort des classes populaires sans un progrès dans la moralité. — Vanité des enseignements économiques. — Vanité de l'augmentation des salaires. — Le vice et la misère indissolublement unis. — Quelles sont les forces pour le bien à opposer à tant de forces pour le mal? — Des causes de la supériorité de nos vainqueurs. — Courte durée du Culturkampf en Allemagne. — Continuation en France d'une guerre impolitique et aveugle contre les prêtres. — Comment suppléer à leur concours pour les bonnes mœurs et la bonne éducation? — Réplique d'Origène à Celse. — Hors une recrudescence de force morale, point de salut.

Au premier rang de ces choses excellentes en elles-mêmes, mais qui, détournées de leur véritable but, peuvent devenir les plus grands des maux, rien ne prend place avant l'instruction en général et l'instruction du peuple en particulier. Quoi assurément de plus louable que de faire partout la guerre à l'ignorance, non seulement dans les villes, mais dans les campagnes, et jusque dans le dernier des hameaux, au fond des vallées et sur le haut des montagnes? Il faut applaudir à la construction d'écoles partout où les écoles manquaient, partout où elles étaient insuffisantes ou insalubres, pourvu toutefois qu'on n'en fasse pas des monuments qui ruinent l'État et les communes, et qui donnent aux enfants le dégoût de la chaumière de leur père. Mais si je m'inquiète du bon état et du nombre des bâtiments scolaires, on ne trouvera peut-être pas étrange que je m'inquiète davantage de ce qu'on y enseigne ou de ce qu'on n'y enseigne pas. En sort-on meilleur, ou en sort-on pire? Voilà la question qui domine tout et qui laisse toutes les autres bien loin derrière elle.

Si l'instruction officielle du peuple reste ce qu'elle est, c'est-à-dire sans nul enseignement religieux, si le fanatisme irréligieux continue à sévir, malgré les protestations des communes et des familles, quelles tristes générations vont sortir de nos palais scolaires! Il semble qu'avant de rayer Dieu de l'instruction primaire, avant de s'appliquer à dessécher dans les jeunes cœurs tout sentiment religieux, des hommes d'État, même non croyants, pourvu qu'ils fussent doués de quelque sens politique et de quelque ombre de sagesse, auraient dû avoir souci de ce que l'éducation nationale en souffrirait. Avant de chasser des maîtres éprouvés qui enseignaient, non par intérêt, mais par vocation religieuse, et d'imposer partout à leur place des maîtres laïques, il y avait lieu de s'enquérir des résultats comparés des écoles tenues par ces deux classes de maîtres, non pas seulement au point de vue de l'instruction, mais à celui, qui importe encore plus, de l'éducation morale. Auraient-ils donc oublié ce grand axiome de la sagesse universelle, qu'on juge de l'arbre par ses fruits?

D'où sortent, en plus ou moins grand nombre, les bons ou les mauvais sujets, les plus laborieux, les plus tempérants, les plus braves et les plus disciplinés sous les drapeaux, ou bien les débauchés, les ivrognes, les grévistes de profession, les émeutiers, les anarchistes? A qui surtout s'en prendre de cette redoutable augmentation du nombre des assassins, des voleurs, des récidivistes et des criminels de de toute espèce et de tous les degrés. Jetez les yeux sur les statistiques officielles de la justice criminelle, surtout des deux années de 1885 et de 1886. Quoi de plus sinistre que ce cri d'alarme de M. Yvernès, directeur de la statistique : « Nous sommes en présence d'un débordement de démoralisation ! » « La grande criminalité, dit M. d'Haussonville, a doublé depuis soixante ans, et la petite a quadruplé [1]. » Quels sont les républicains béats qui oseraient encore nous dire aujourd'hui que l'instruction gratuite, laïque et obligatoire ferait fermer les prisons? Tout au contraire; jamais il n'a fallu tant en ouvrir que depuis qu'il n'y a plus de maîtres ni d'enseignement religieux, et que les manuels du Conseil municipal de Paris ont

[1]. Combat contre le vice, *Revue des Deux Mondes*, 1ᵉʳ avril 1887.

pris la place du catéchisme et de l'évangile. Où s'arrêtera ce progrès dans le crime, dans l'immoralité et la perversité ?

La neutralité inscrite dans la loi, fût-elle sérieuse, serait déjà, je l'ai dit ailleurs [1], un grand mal, mais le masque est partout jeté, et, au lieu de cette neutralité hypocrite, nous avons le mépris non dissimulé ou même la guerre ouverte et acharnée contre toutes les idées religieuses et tous les cultes, contre tout ce qui entretient, développe et fortifie l'élément moral. On ne saurait trop le redire, même après tant de voix plus autorisées que la mienne : sans la moralité, l'instruction ne fait qu'augmenter les tentations, en même temps que les moyens de mal faire. Elle donnera un degré d'astuce et de méchanceté dont un ignorant, un illettré ne serait pas capable. L'ignorance est un mal, mais une mauvaise instruction est un mal plus grand encore : « Un méchant européen, a dit Leibniz, est plus méchant qu'un sauvage ; il raffine dans le mal. »

---

[1]. *Nouvelles Études familières*, etc., Du fanatisme irréligieux.

Sur les dangers de cette instruction à l'usage des écoles publiques je n'invoquerai, pas plus que tout à l'heure, des témoignages qui pourraient être suspects de parti pris et de partialité à cause de la robe ou de la foi de leurs auteurs. Je ne citerai pas les mandements de Mgr Perraud ou de l'archevêque de Paris, ni les excellents livres de M. l'abbé de Broglie [1] ou de M. l'abbé Sicard [2], ni même le discours de M. le duc de Broglie à la réception de M. Gréard, ou *l'Athéisme et le Code civil* de M. Duverger; je ne citerai pas même les témoignages, d'ailleurs si souvent reproduits, de Villemain, Guizot, Cousin, Saint-Marc Girardin et Thiers. J'irai prendre mes autorités dans un camp tout opposé, comme Sénèque, qui passe de temps à autre dans le camp d'Épicure pour lui emprunter des maximes qui viennent à l'appui de celles de Zénon [3]. Comment tenir pour suspect, par exemple, le témoignage du philosophe

---

1. *La Morale sans Dieu*, de l'abbé de Broglie.
2. *Les Deux Maîtres de l'enfance, l'instituteur et le prêtre.*
3. « Soleo enim et in aliena castra transire, non tanquam transfuga, sed tanquam explorator. » (*Epist.*, II.)

anglais Maudsley, positiviste et non moins libre penseur que M. Hovelacque lui-même, du Conseil municipal de Paris? Or c'est lui qui a écrit cette page, qui mérite d'être citée tout entière, sur l'insuffisance de la science toute seule pour le progrès véritable et le salut social :

« La science n'est pas nécessairement bonne, elle est une puissance pour le mal comme pour le bien. Une fraternité fondée sur la science seule serait un édifice sans ciment. Ceux qui en sont enthousiastes et la jugent un si grand bien devraient s'occuper de démontrer au monde qu'il est plus moral de voyager à cinquante milles à l'heure derrière une locomotive que de faire dix milles dans une diligence. Les grands progrès dans les arts, les sciences, l'industrie, dans tous les genres du progrès matériel, ont eu pour effet d'engendrer beaucoup de désirs égoïstes nouveaux dont la satisfaction immédiate est une source de corruption. La science a-t-elle fait beaucoup, ou même quoi que ce soit, pour compenser le développement de l'égoïsme? N'a-t-elle pas affaibli la religion, cette grande force de contrôle, qui tenait autrefois l'égoïsme en échec, sans mettre aucune force abstraite à sa place? Il serait malaisé de prouver qu'il y a avantage d'accumuler des richesses, si l'humanité décline ; d'avoir de beaux vêtements et de belles manières, de remplacer de tranquilles villages par d'interminables faubourgs de nos villes. Les gens qui habitent ces faubourgs monotones sont-ils en réalité plus nobles et meilleurs que les simples habitants qu'ils ont remplacés.... Après tout, un acte héroïque de sacrifice est quelque chose de plus noble, de plus civilisateur que l'envoi en quelques secondes d'une dépêche de Londres à Hongkong. » Il dit plus loin, de même que Leibniz : « La civilisation peut faire des brutes plus brutes et surtout plus dangereuses qu'à l'état de nature ».

Maudsley a raison. Malheur à la nation, si nos législateurs persévèrent dans leur théophobie insensée, s'il ne sort plus de nos écoles qu'une génération avec l'ardeur de toutes les convoitises, sans frein moral ni religieux ! Maudite soit même l'instruction populaire, si, comme dit Sénèque, on cesse d'être bon à mesure qu'on devient plus savant : *Si postquam docti prodierint, boni desunt* [1]!

Platon dans sa *République*, Plutarque dans son *Traité de l'éducation de la jeunesse*, veulent que les gardiens de l'État ou les pères de famille veillent à ce que rien ne corrompe l'éducation des enfants. Ils doivent, d'après Platon, aspirer par tous les pores le beau et le bien. Que nous sommes loin de cet idéal dans notre république! Ne semble-t-il pas que nos gardiens de l'État aient pour but de leur faire aspirer tout le contraire du beau et du bien? Leur unique souci est de leur faire apprendre à écrire, à compter, à détester la France d'avant 89, à admirer les crimes de la Révolution et à fouler aux pieds le catéchisme. Quant à les rendre meilleurs, nul n'y songe. Nos pédagogues officiels sont satisfaits s'ils ont réussi, non à les former aux bonnes mœurs, mais à déraciner les pieux enseignements de la mère, à les détacher des croyances religieuses qui sont la plus efficace, sinon la seule garantie, de leur mo-

---

1. *Epist.*, xcv.

ralité. Les maîtres laïques de leur choix ont pour tâche d'en faire de petits esprits forts, qui, au sortir de l'école, insultent dans la rue le prêtre ou la sœur de charité, en attendant qu'ils fréquentent les cabarets et les clubs et s'enrôlent dans les bandes d'anarchistes qui iront à l'assaut de l'ordre social.

Je ne parle pas ici en croyant ; je ne me place pas au point de vue de la foi, pas plus qu'à celui de la métaphysique ; je m'en tiens à l'expérience et à la sagesse pratique ; je n'examine pas si, dans certaines âmes de penseurs et de philosophes, la morale sans la religion peut se suffire à elle-même, si la religion en est le fondement ou bien si elle en est le faîte. Prenant la question de moins haut, j'examine l'impression causée par cette suppression de la religion et de Dieu dans les écoles primaires des villes et des campagnes. Quel trouble a dû se produire chez ces pauvres enfants quand tout à coup, par un ordre d'en haut, la rupture religieuse s'est opérée, quand la prière et le catéchisme ont été proscrits, quand le crucifix pendu à la muraille a été enlevé, quand il a été interdit au curé de venir désormais leur recommander, au nom de Dieu, la sagesse, l'obéissance, le travail, la bonne conduite! Comment ne pas s'effrayer de l'autorité qu'ont dû perdre les vérités morales qui ne sont plus imposées que sur la parole du maître? Comment des familles tout le jour absorbées par les rudes travaux des champs ou de l'usine, enseigneront-elles le catéchisme banni de l'école?

Dans l'immense majorité des communes de France il n'y a pas deux hommes, il n'y en a qu'un seul, le curé, magistrat moral et religieux, comme disait M. Guizot, qui soit compétent en fait d'éducation : or le curé a été exclu des commissions scolaires; il lui a été interdit de mettre les pieds dans l'école, il en a été banni comme un pestiféré. Quelle autorité cependant peut remplacer la sienne et venir en aide à l'œuvre morale de l'instituteur? L'enseignement des devoirs, sans le nom de Dieu qui les a imposés et qui commande, pénétrera-t-il bien profondément dans l'âme des enfants? Dieu le veut, Dieu le défend, nulle autre parole du maître, nul système de philosophie, ne sauraient avoir la même prise sur l'âme des enfants. Il restera peu de chose, j'en ai peur, de ce sec enseignement civique et moral prescrit par le programme. Qu'on se renseigne confidentiellement, comme je l'ai fait, auprès des instituteurs les plus expérimentés et les plus autorisés sur les tristes fruits de ce nouveau système d'éducation.

Tout à l'heure j'ai cité Maudsley en témoignage du péril que court la civilisation quand les progrès de la science sont séparés de la morale; j'invoque maintenant les témoignages de philosophes rationalistes et libres penseurs sur le péril que court la morale elle-même sans l'appui de l'idée et du sentiment religieux. En premier lieu je mets le beau livre, tant de fois cité, de M. J. Simon, *Dieu, liberté, patrie*. Qui mieux que lui dans ce livre, et dans ses discours au Sénat, a fait justice du danger, du mensonge et de l'hypocrisie de l'école neutre, c'est-à-dire de l'école sans Dieu? Si cette grande et belle cause avait pu être gagnée, elle l'eût été par lui.

M. Janet déclare inefficaces les préceptes moraux sans les croyances religieuses¹. M. Beaussire croit que la religion est le couronnement de la morale, et non son fondement, mais il tient que ce couronnement est nécessaire ². M. Vacherot, esprit plus hardi, dans la conclusion même de l'ouvrage où il analyse si librement les éléments moraux et psychologiques de la religion, s'épouvante du vide que la religion en se retirant laisse dans les âmes. « C'est un vide, dit-il, qu'il est urgent de combler, mais si l'on n'a pas, comme il est trop évident, de quoi le combler, que dire de l'aveugle et coupable imprévoyance de ceux qui travaillent aujourd'hui à le faire avec tant d'acharnement et un véritable fanatisme ³? »

Encore moins récusera-t-on sans doute le témoignage de M. Taine qui, aussi vivement que M. Vacherot, signale le danger d'un pareil vide. « Dans toute société, dit-il, la religion est un organe précieux et naturel. D'une part, les hommes ont besoin d'elle pour penser à l'infini

---

1. Voir *la Morale*, dernier chapitre.
2. *Principes du droit*, préface.
3. *La Religion*, conclusion.

et pour bien vivre ; si elle manquait tout à coup, il y aurait dans leur âme un grand vide douloureux, et ils se feraient plus de mal les uns aux autres. D'autre part, on essayerait en vain de l'arracher ; les mains qui se porteraient sur elle n'atteindraient que son enveloppe ; elle repousserait après une opération sanglante. Son germe est trop profond pour qu'on puisse l'extirper [1]. »

L'amour de la patrie lui-même s'affaiblira avec le sentiment religieux, comme le démontre si bien M. J. Simon dans le livre que nous avons déjà cité ; il s'affaiblira en dépit de tous les manuels d'enseignement civique, en dépit du jeu puéril des petits bataillons scolaires. Prenez garde de faire des recrues, non pour une vraie ligue des patriotes, mais pour celle des antipatriotes. Qu'il y ait un parti, fût-ce dans les plus bas fonds de la démagogie, qui ose prendre ce nom, qui ose dire à la tribune du club qu'il n'y a pas de patrie, alors que de toutes parts la France est menacée par l'étranger, c'est

1. *Origines de la France contemporaine*, liv. III, chap. III.

là une impiété, une monstruosité inouïe dont un enseignement populaire athée, fermé à tous les sentiments élevés, et dédaigneux de tout le passé de la France, porte la responsabilité.

L'instruction religieuse des filles n'a pas trouvé grâce devant les laïcisateurs plus que celle des garçons. Il y a bien à Paris un lycée de filles qui s'est mis sous la protection du beau nom de Fénelon, mais il n'en a guère pris que le nom, et l'enseigne est trompeuse. N'est-ce pas un mensonge de placer une maison d'éducation d'où l'instruction religieuse est bannie sous le patronage de l'auteur de l'*Éducation des filles*, qui lui fait une si grande place? L'expérience cependant est ici encore plus cruelle et plus brutale, car chez les femmes le vide du cœur sera plus grand et plus difficile à combler.

Les motifs de religion, dit Rousseau, dans l'*Émile*, empêchent souvent les hommes de mal faire. Je crois que cela est vrai plus encore des femmes, qui généralement se conduisent davantage par le sentiment. Combien, dans le monde et dans le peuple, ne sont retenues au devoir que par le sentiment religieux! Otez ce frein de la religion, combien peut-être seront plus près de succomber! Il y aura sans doute plus de bas-bleus; déjà sur les trottoirs et dans les tramways de Paris, je ne rencontre que de grandes jeunes filles pâles ayant un lorgnon ou des lunettes sur les yeux, avec des livres et des cahiers sous le bras. S'il doit y avoir plus de bas-bleus, il y aura moins, je le crains, de bonnes épouses et de bonnes mères de famille. Je ne suis vraiment pas sans quelque appréhension sur le sort réservé dans l'avenir aux ménages et aux maris républicains par cette éducation républicaine.

Qui, plus vivement que Plutarque, a exprimé cette nécessité de la religion dans un État, et l'indispensable appui dont les Dieux sont à la cité? « Je concevrais plutôt, dit ce sage, une ville bâtie dans les airs qu'une république qui n'aurait pas pour principe le culte des Dieux. » Quant aux singuliers pédagogues qui ont fait les lois sur l'instruction primaire et rédigé ses programmes, ils ne sont pas de l'avis de Plutarque; ils ont biffé les Dieux de partout; ils ne craignent pas d'entreprendre de bâtir leur république dans les airs. Qu'il en coûtera cher à la France pour avoir effacé de la loi actuelle l'instruction religieuse, qui était au premier rang dans les lois antérieures! Qu'il est à craindre que l'enseignement de la morale civique et républicaine n'arrête pas la démoralisation de ces jeunes générations sur lesquelles on recommence impitoyablement l'expérience si malheureuse de la Convention et du Directoire!

Combien n'avons-nous pas d'exemples sous les yeux qui montrent que les meilleurs enseignements de la science économique et les meilleures œuvres en faveur du peuple, les sociétés coopératives, les caisses de secours les mieux organisées, ne peuvent produire, sans la morale, aucune amélioration solide dans le sort des classes populaires. Un certain nombre d'économistes se font illusion sur l'efficacité de leurs enseignements, et attribuent à leur science une vertu que par elle-même elle n'a pas. A les croire, lorsque l'économie politique sera partout enseignée, même dans les écoles primaires, lorsque la vérité économique aura lui à tous les yeux, partout régneront la paix et l'harmonie, chacun sera content de son sort, ou du moins chacun se résignera au sein de sa misère.

Je ne prétends pas assurément qu'il n'y ait point d'avantage à rectifier de fausses notions économiques par des notions plus exactes; il faut y travailler sans doute, mais cela ne suffit pas. Quand même vous auriez réussi à convaincre tous les ouvriers du monde des lois inexorables de l'offre et de la demande et des beautés philosophiques du libre-échange, ils ne se tiendront nullement satisfaits et tranquilles le jour où leurs salaires viendront à diminuer ou leur ouvrage à manquer. Vous n'aurez pas en effet triomphé des vices qui sont la principale cause de la misère, qui le plus souvent la font naître, qui l'entretiennent, qui la poussent jusqu'au dernier degré. En vain les plus saines doctrines, grâce au louable zèle de ces apôtres de l'économie politique, seront-elles partout prêchées au peuple, l'envie, la convoitise, la paresse, l'intempérance, la débauche, l'imprévoyance n'en subsisteront pas moins, ou même ne feront que croître, si, en même temps que les ouvriers seront plus éclairés, ils ne deviennent pas meilleurs. La misère sera au foyer domestique, tandis que le père de famille dissipera tout au cabaret; les grèves, avec violences et menaces contre les maîtres, avec sévices contre les camarades qui veulent continuer le travail, n'en seront ni moins fréquentes ni moins dangereuses.

Je suppose que tous les salaires soient doublés, l'ouvrier n'en sera pas moins sans ressources à la fin de la semaine, ou au premier jour de chômage, s'il ne met rien de côté, s'il ne devient pas plus économe, plus sobre, plus rangé. Sans le concours de la morale, toutes les prédications de l'économie politique sont donc impuissantes. Vous aurez beau dire et beau faire, entre le vice et la misère il y a une association indissoluble. En vain encore, l'hygiène, qu'on enseigne maintenant dans les lycées et dans les écoles, ajoutera-t-elle ses leçons à celles de l'économie politique, sans la pratique de ce grand devoir de la tempérance qui, s'il ne la contient pas tout entière, en contient certainement la plus grande partie. L'ouvrier sans doute n'ignore pas les tristes effets de l'alcoolisme sur lui et sur les siens. Quelque bien averti qu'il soit, il n'en sera pas plus sobre, si la morale ne vient en aide aux conseils de l'hygiène ou de la médecine.

Aux partisans trop confiants du progrès par les seules lumières de l'école, il suffirait d'opposer ce vice croissant de l'alcoolisme dont les tristes effets s'étendent du père aux enfants, qui infecte, abâtardit, abrutit une partie de la population de certains départements et centres ouvriers. L'alcoolisme à lui seul peut dégrader une partie de la nation, corrompre ses forces physiques et morales et faire reculer la civilisation. Loin de combattre ce fléau, il semble que le gouvernement républicain ait voulu le favoriser par la liberté et la multiplication des débits de vins et liqueurs, plus ou moins falsifiés, à l'usage des classes populaires. Il s'est rencontré un ministre qui avait pensé qu'en fait de nouveaux impôts pour combler le déficit du trésor public, le mieux était d'imposer davantage cette liqueur homicide de l'alcool. Mal lui en a pris d'oser toucher aux profits des marchands de vin, ces grands électeurs des députés et des conseillers radicaux ou socialistes de la ville de Paris. Quelques jours après, il n'était plus ministre, et son successeur s'empressait de retirer ce malencontreux projet. Quel est le village si petit qui n'ait au moins deux cabarets? Je vois le jour où, à part quelques grands magasins qui auront absorbé tous les autres, il n'y aura plus dans les rez-de-chaussée de Paris que des cafés, des débits de vin et de liqueurs.

Ainsi par tous les côtés la civilisation tient à la morale. Nous avons ailleurs combattu Buckle, l'historien de la civilisation en Angleterre, qui a prétendu démontrer qu'elle n'y tient par aucun lien, qu'elle dépend tout entière de l'élément intellectuel, sans nul concours de l'élément moral, et qui a même osé soutenir que la morale ne peut que lui porter préjudice.

Sans nous laisser éblouir par les progrès des sciences et de l'industrie, si nous voulons savoir ce que nous avons à craindre ou à espérer, il faut avant tout regarder à l'élément moral. Demandons-nous s'il y a dans notre France un développement parallèle de ces forces, de ces vertus morales hors desquelles, selon nous, pas de salut. « Nous pouvons nous enorgueillir à bon droit, a dit le Michelet d'avant 1846, de tant de progrès accomplis voilà tantôt un demi-siècle; mais le cœur se serre à voir que, dans ce progrès de toutes choses, la force morale n'a pas augmenté. » Combien ne doit-il pas se serrer encore davantage à voir ce qui se passe aujourd'hui !

Y a-t-il parmi nous plus d'hommes justes, soumis en toutes choses à la loi du devoir, plus d'hommes d'honneur au cœur droit et ferme, et plus purs de toute corruption qu'aux temps passés? Non seulement il n'y en a pas certainement davantage, mais il est à craindre qu'il y en ait moins, d'après le progrès de la criminalité et de la corruption des mœurs. Or, pour échapper aux périls dont nous sommes menacés, il faudrait non seulement que la quantité de bonté n'eût pas diminué, mais qu'elle fût beaucoup plus grande, afin de faire le contre-poids à l'augmentation des tentations et des moyens de mal faire. Ce minimum de moralité requis pour le salut d'une société, nous sommes exposés à le perdre par les diverses causes que nous avons indiquées, dont la première est l'affaiblissement du sentiment du devoir détaché de Dieu, le législateur suprême, par l'irréligion légale, par l'irréligion obligatoire de l'école primaire et de l'éducation nationale.

Il ne faut pas sans doute désespérer ni s'abandonner à un trop sombre pessimisme. Nous n'en sommes pas encore réduits à ce degré de démoralisation dont le psalmiste a dit : *Non est qui faciat bonum, non est usque ad unum.* « Il n'en est pas un qui fasse le bien, il n'en est pas même un seul ». Grâce à Dieu, il en est encore plus d'un parmi nous qui fait le bien ; il y a plus de justes dans la Babylone moderne que dans Sodome ou Ninive pour détourner la colère du ciel. Nous ne sommes peut-être pas encore à la veille de la destruction, mais nous en sommes menacés dans un avenir prochain, à moins d'une transformation intérieure et d'une recrudescence de vigueur morale.

Nous nous associons pleinement à ces paroles du père Gratry : « La morale, la justice, voilà, dans tous les ordres de choses, la simple et sainte condition de tout progrès, de tout bien[1] ».

Il serait au pouvoir de l'État d'y concourir en diminuant les causes de corruption et surtout par un retour à la loi de l'instruction primaire de 1833. Que ne cède-t-il à tant de vœux, à tant de protestations qui se font entendre de toutes parts? Mais il semble se plaire à augmenter le mal, au lieu de le combattre; il persévère plus que jamais dans la laïcisation à outrance et dans la guerre à tous sentiments religieux.

Quelques-uns ont imaginé de dire que la Prusse devait ses victoires, Sadowa et Sedan, à ses maîtres d'école. Il est possible qu'ils y soient en effet pour quelque chose, mais non pas au sens où l'entendent ces naïfs républicains. S'ils ont contribué à la victoire, ce n'est pas pour avoir mieux enseigné à tous à lire et à écrire, mais par la supériorité de leur éducation nationale, animée de la foi en Dieu, commune à toutes les sectes; c'est par l'enseigne-

---

1. *La Morale et la loi de l'histoire.*

ment du respect de la loi et de la discipline, de l'obéissance au souverain, de l'amour de la patrie allemande. Voilà ce qui a rendu forts les enfants de la Prusse, et non l'alphabet ou la table de Pythagore, à ces jours de grand combat où se décide le sort des nations; voilà par où nous devons chercher à les vaincre à notre tour.

Il est vrai que, depuis ces victoires, les choses avaient quelque peu changé dans les écoles de la Prusse; elles avaient aussi subi une sorte de laïcisation, à l'image de la nôtre; l'enseignement religieux confessionnel, mais non pas Dieu cependant, en avait été exclu. Il y a eu le règne du Culturkampf; mais ce règne a peu duré. L'habile homme d'État qui préside aux destinées de l'Allemagne n'a pas tardé à se raviser; il y a renoncé, sans nulle honte de se contredire. L'empereur Frédéric III, dans la belle proclamation par laquelle il a inauguré un règne trop court pour la paix du monde, en a achevé la défaite. « Il faut, a-t-il dit, éviter qu'à force de chercher à accroître l'instruction, on arrive à oublier la mission éducatrice. Une race élevée dans les principes sains de la crainte de Dieu et dans des mœurs simples pourra seule avoir assez de force de résistance pour surmonter les dangers qu'à notre époque d'ardente agitation économique, les exemples de la vie à outrance donnés par quelques-uns font courir à la vie collective. » Puissions-nous ne pas méconnaître nous-mêmes plus longtemps la mission éducatrice de l'enseignement populaire!

D'où vient cette haine aveugle que le clergé, tel qu'il est aujourd'hui, inspire à nos politiciens et gouvernants, au point de sacrifier tout à cette haine, même la liberté des consciences, même la paix sociale, même l'avenir de la république? Ne dirait-on pas que l'Église fait peser sur eux un joug insupportable? On comprendrait cette guerre et cette haine au temps des abus et des privilèges, alors que le clergé était riche, qu'il levait des dîmes, qu'il était puissant dans l'État, et aussi plus ou moins intolérant et persécuteur. Nous n'en sommes plus là; l'Église actuelle n'a ni privilèges, ni richesses; elle n'a pas de force autre que la persuasion pour imposer ses croyances. Ceux qui règnent aujourd'hui, ceux qui donnent le pouvoir et les places, ce ne sont pas les jésuites, mais les francs-maçons : voilà la nouvelle congrégation, le nouveau pouvoir occulte, auquel pour avancer, ou pour se maintenir, il faut plaire.

Le cléricalisme est l'ennemi, suivant une parole célèbre et malheureuse; c'est même autour seulement de cette déclaration de guerre à la religion qu'a pu réussir jusqu'à présent à s'opérer la concentration républicaine. Qu'ils nous disent donc, ces opportunistes, ces radicaux, ces jacobins, quel mal leur font les prêtres? On les accuse, il est vrai, de ne pas aimer la république; peut-être, si elle les persécutait moins, l'aimeraient-ils davantage; peut-être même seraient-ils républicains si la république leur laissait la liberté.

Avez-vous peur qu'ils vous demandent de nouveau des billets de confession, ou qu'ils prélèvent quelques dîmes sur vous et sur le peuple? Il ne faut pas intervertir les rôles : c'est vous qui exigez des billets, non pas de confession, mais de civisme, des attestations de républicanisme, non seulement de vos hauts fonctionnaires, mais de débitants de tabac et même des gardiens de cimetière; c'est vous qui, pour faire face à vos dilapidations, prélevez des dîmes, dîmes toujours plus lourdes, sur les villes et les campagnes, de plus en plus appauvries! Enfin c'est vous, et non pas eux, qui êtes les intolérants et les fanatiques du jour, à la veille même de la célébration du centenaire de 89, c'est-à-dire de la proclamation de ces mêmes libertés que vous violez effrontément!

Si les prêtres ne peuvent plus faire de mal, que de bien ne peuvent-ils pas faire encore pour combattre la corruption, pour fortifier l'élément moral! A ceux qui veulent les repousser de la société française et les réduire parmi nous à l'état d'ilotes, ne pourraient-ils pas répondre, comme autrefois Origène à Celse qui les accusait d'agir sur les femmes et les enfants : « De quoi vous plaignez-vous? Vos femmes, nous les rendons plus chastes, plus pures, meilleures épouses, mères plus appliquées à leurs devoirs. Vos enfants, nous les préservons du vice; nous développons en eux de généreux sentiments. Que Celse nous montre où est le sage père, le précepteur vertueux à l'obéissance duquel nous avons soustrait vos enfants. Tout au contraire, nous empêchons les femmes d'être infidèles et fâcheuses à leurs maris; nous les arrachons à la fureur des théâtres, aux danses criminelles de la scène, aux terreurs de la superstition. Nous mettons un frein à cette jeunesse qui bondit sous les premières atteintes du plaisir; etc. »

Quelle belle et éloquente apologie! Quelle victorieuse réponse aux ennemis et aux persécuteurs du christianisme primitif! Comme elle s'applique bien aux Celses et aux persécuteurs de ce temps-ci!

Pour résumer ce qui précède, j'ai d'abord déterminé en quoi le progrès consiste et d'où il dépend. La marche de l'humanité dans la voie de la civilisation et du progrès n'est pas en ligne droite, mais en une ligne singulièrement brisée. Que d'écarts sur cette route, que de zigzags, ou même que de pas en arrière qui l'éloignent du but final où elle semblait s'acheminer! A qui la responsabilité de tous ces mouvements irréguliers et rétrogrades, de toutes ces fausses démarches? Elle est en nous, elle est le fait de l'exercice, bon ou mauvais, de notre activité intellectuelle et morale, et non de quelque puissance supérieure et fatale qui nous pousse soit en avant, soit en arrière.

C'est nous seuls qui faisons le progrès, qui faisons le bien, comme nous faisons le mal; ce n'est pas je ne sais quelle Déité du progrès qui tantôt nous conduit, qui tantôt nous abandonne en chemin. Par notre organisation intellectuelle et morale, qui est l'œuvre de Dieu, nous sommes sans doute prédestinés au progrès; nous naissons avec une sorte de faculté du progrès, qu'il est de notre devoir d'exercer. Cette faculté du progrès n'est pas telle ou telle faculté spéciale, omise par les psychologues dans leurs théories des facultés de l'âme, c'est, pour parler plus exactement, la résultante de toutes les facultés dont nous avons été doués.

Le progrès, sauf parfois d'insurmontables empêchements du dedans ou du dehors, est donc la suite naturelle, mais non nécessaire, de ce que nous sommes. De là toutes ces intermittences et ces irrégularités, ces éclipses qui embarrassent si fort ceux qui veulent voir dans le progrès un fait divin ou fatal, tandis qu'il n'est qu'un fait humain. Outre sa plus grande conformité avec la suite des faits historiques, quel n'est pas l'avantage moral de cette doctrine sur celle de la fatalité du progrès? Le progrès surhumain, l'optimisme historique absolu, consacre tout ce qui arrive, dans le monde, victoires et défaites, succès et revers, et ôte aux nations la responsabilité de leurs destinées. Si tout va vers le mieux ou vers le mal, sans nous, ou même malgré nous, à quoi bon agir, lutter et combattre? La sagesse est de laisser faire le destin, de s'abandonner à ce cours irrésistible des choses. Sénèque a raison de dire : « A quoi me sert la philosophie, si le destin a tout réglé? à quoi me sert-elle encore si Dieu conduit tout » (*Quid mihi prodest philosophia, si fatum est? Quid prodest si Deus rector est*[1]?)

Rien de plus propre au contraire à nous tenir en éveil, à soutenir, à stimuler les courages que

---

1. *Epist.*, x.

le sentiment de notre responsabilité, que la foi à des destinées qu'il dépend des nations elles-mêmes de faire bonnes ou mauvaises! Quelle nation plus que la France a besoin aujourd'hui de cette foi qui empêche les découragements? Dans les conflits des nations, ce ne sont que des hommes, de simples mortels qui sont aux prises; les Dieux ne combattent pas, comme dans l'*Iliade* d'Homère, dans l'un ou dans l'autre camp. Pour qu'une nation se relève, il faut un relèvement des individus dont elle se compose. Si les unités sont gâtées, faute de l'élément moral, le corps tout entier est corrompu. « C'est la multitude de sages, dit le Livre des Proverbes, qui fait que le monde est sain » (*Multitudo autem sapientium sanitas orbis terrarum*). Il n'y a pas chez nous une multitude de sages, de là nos appréhensions sur l'avenir.

Pour avoir montré notre grande plaie et pour avoir jeté un cri d'alarme, j'ai été accusé, il y a déjà longtemps, d'être un ennemi du progrès et de la civilisation. Qui les aime le mieux, de ceux qui ont les yeux ouverts et qui signalent le péril, ou de ces sots et dangereux amis qui, par esprit de parti, ou par un naïf optimisme, s'obstinent à ne pas le voir, et encouragent les chefs de la république à continuer de marcher dans la voie qui conduit à l'abîme?

Tâchons de ne pas ressembler à ces Romains de la décadence qu'a représentés Couture dans sa belle et grande toile du musée du Luxembourg. Voyez-les mollement étendus, couronnés de roses, la coupe à la main, le bras autour du cou de leurs maîtresses, tandis que s'avancent, sortant de l'Asie et des forêts de la Germanie, les hordes d'Alaric et d'Attila!

Nous pouvons sans doute ne pas succomber dans les luttes qui se préparent; cette espérance nous reste, en dépit de tout, au fond du cœur, mais à la condition d'un relèvement moral, hors duquel, encore une fois, il n'y a pas de salut.

QUATRIÈME ÉTUDE

DE L'ENCOURAGEMENT AU BIEN ET DES PRIX DE VERTU

I

L'ÉTAT ET LES MUNICIPALITÉS

L'encouragement au bien essentiel à l'ordre social. — Les récompenses publiques à ceux qui ont bien fait sont de tous les temps. — Les prix de vertu académiques ne datent que de la fin du xviii° siècle. — Fondation à la même époque de diverses fêtes en l'honneur de la vertu. — Couronnes aux rosières. — Couronnes aux vertus champêtres. — La Convention abolit tous les prix de vertu. — L'Académie française en reprend la distribution en 1819. — Quelques réflexions sur les rapports annuels des prix de vertu. — Point de vue trop étroit et exclusif. — Les prix de vertu ne sont qu'une des formes particulières de l'encouragement au bien. — Décorations, médailles, mentions d'honneur, pensions données par l'État. — Prix de vertu décernés dans toute la France par un grand nombre de municipalités et de sociétés particulières. — A quel titre de pareilles récompenses sont méritées. — Celui-là seul en est digne qui a fait plus que son devoir.

L'encouragement au bien, dont les prix de vertu ne sont qu'une des formes particulières, intéresse au plus haut point la morale et l'ordre social. J'accorde que la répression du mal est d'une nécessité plus impérieuse, et qu'une société pourrait plutôt se passer de prix de vertu que de châtiments; je ne crois pas, comme le philosophe économiste Gioja, qu'un code de récompenses puisse jamais remplacer le Code pénal. Néanmoins les récompenses, par leur attrait, comme les peines, par la crainte qu'elles inspirent, concourent à un même but : les unes encouragent au bien, les autres détournent du mal, quoique avec des degrés divers d'efficacité. Je n'entreprends pas de combattre les moralistes austères, anciens et modernes, disciples de Zénon ou de Kant, qui ont enseigné que la vertu était à elle-même sa plus douce, son unique récompense, et que le bien cessait d'être le bien, s'il était fait en vue de quelque motif intéressé. Sans nulle prétention de descendre jusqu'au fond des consciences, je me place ici au point de vue de la pratique, plutôt que de la théorie, de l'utilité sociale, plutôt que du mérite absolu des individus. Sans doute la valeur morale du bien diminue s'il a été fait uniquement en vue d'une récompense, mais l'avantage, au point de vue social, peut néanmoins demeurer le même.

L'encouragement au bien, sinon aux vertus privées, du moins aux vertus publiques ou civiques, est de tous les temps et de tous les lieux, de la part de la tribu, de la cité ou de l'État. Partout il y a eu des couronnes, des palmes, des honneurs décernés à celui qui a le mieux fait, qui a le mieux mérité de ses concitoyens et de la patrie, pour le récompenser lui-même et pour encourager d'autres à suivre son exemple. Quelle gloire ne jetaient pas sur leur patrie ces palmes et ces couronnes des vainqueurs aux jeux de la Grèce, récompenses glorieuses accordées aux qualités les plus en honneur, aux vertus les plus estimées de ce temps-là! Le prytanée, où Socrate demandait ironiquement une place à ses juges, était la retraite honorée, la récompense insigne des meilleurs citoyens. Les ovations et les triomphes des généraux romains victorieux, les honneurs et les dignités accordés aux meilleurs citoyens, étaient les prix éclatants de la valeur militaire et des vertus civiques.

On n'honore pas seulement les mérites des vivants, mais aussi ceux des morts. Les honneurs, les éloges funèbres, les tombeaux magnifiques, les inscriptions, les statues, ont été, et sont encore, en quelque sorte des prix posthumes de leurs vertus. Le moyen âge a eu aussi des institutions, des coutumes, des honneurs pour récompenser, non pas seulement la vaillance, mais d'autres vertus plus modernes, des vertus chevaleresques, comme la foi à sa dame, à son seigneur, le dévouement à son roi, la magnanimité pour les vaincus. La religion elle-même, chez les juifs et les chrétiens, comme chez les païens, abonde en pieux récits ou légendes au sujet des récompenses terrestres gagnées par ceux qui pratiquent la vertu et honorent sur terre Dieu ou les saints. Ces favoris du ciel, en attendant les récompenses d'une autre vie, échappent miraculeusement aux plus grands dangers, ils prospèrent dans leurs familles et dans leurs biens ; leurs vœux sont accomplis, comme celui de Philémon et Baucis.

On a fait plus d'une fois l'histoire des peines; celle des récompenses pour la vertu aurait aussi son intérêt. Je n'ai pas voulu refaire cette histoire après le traité *du Mérite et des Récompenses* de Gioja, mais seulement rappeler combien sont nombreux et anciens, aussi anciens que l'humanité, les antécédents de nos prix de vertu.

Les prix de vertu, au sens large où nous l'entendons, datent donc de bien loin, et non pas seulement des académies et de la fin du xviiie siècle; mais c'est seulement à cette époque qu'ils furent institués à l'Académie française tels qu'ils existent aujourd'hui. En 1783, presque à la veille de la Révolution, l'Académie, pour la première fois, joignit à ses deux prix d'éloquence et de poésie un prix de vertu, prix unique d'abord, mais qui devait de nos jours en enfanter d'autres et se multiplier, grâce à de nouveaux dons de Montyon et aux générosités de ses imitateurs. Des larmes coulèrent de tous les yeux d'une assemblée d'élite quand la bonne vieille femme jugée la première digne de ce prix s'avança pour le recevoir des mains du président, Mgr de Boisgelin, archevêque d'Aix [1].

---

[1]. Voir le rapport sur les prix de vertu par M. Boissier, novembre 1884.

L'exemple donné par l'Académie française ne fut pas perdu, d'autant qu'alors la vertu était, pour ainsi dire, à la mode, et que son nom était dans toutes les bouches, sinon dans tous les cœurs et dans toutes les consciences. Aux environs de Paris, et dans la province, furent instituées des fêtes et des récompenses, les unes religieuses, sous le patronage de l'Église et du curé, les autres, plus mondaines, sous celui du seigneur ou de la dame du lieu avec des danses sur la pelouse du château.

Les rosières datent déjà de plusieurs siècles, s'il est vrai que saint Médard, évêque de Noyon, ait établi au v° siècle la fête de la rosière de Salency qui se célèbre encore aujourd'hui; mais l'origine de la plupart des couronnements de rosières est de cette même époque. Je citerai autour de Paris les rosières de Montmorency, de Fontenay-aux-Roses, de Suresnes, d'autres encore dont quelques-unes se célèbrent aujourd'hui, plus ou moins laïcisées [1],

---

1. Il y a aussi des rosières dans d'autres départements : je citerai les communes de Selles-sur-Cher, de Mehun-sur-Yèvre, de Châteauneuf-sur-Cher; à Lignères, dans le Cher;

le maire ayant pris la place du curé. On vit au même temps se multiplier les fêtes champêtres où les plus vieux et les meilleurs serviteurs des champs recevaient des couronnes de la main du seigneur ou de la dame du château. La plupart de nos comices ou syndicats agricoles ont aussi aujourd'hui des primes pour les vertus champêtres et pour les meilleurs serviteurs de la ferme. Mais bientôt ces douces et attendrissantes scènes, académiques ou agricoles, allaient être remplacées, la Révolution venue, par d'autres, terribles et sanglantes.

Avec les académies, les châteaux et les églises, tous les prix de vertu furent supprimés. L'Académie française avait décerné neuf fois le prix de vertu, de 1783 en 1790, année où il fut aboli, comme bientôt après l'Académie elle-même. Dans cet intervalle, plus d'une fois il avait été doublé par la générosité de nobles personnages, du duc de Penthièvre ou de Marie-Antoinette, quelquefois même par une

---

il y en a aussi à Foix, à Montferrand près de Clermont, à Beauvais en vertu d'une fondation du libraire J.-B. Baillière, et sans doute dans bien d'autres localités que j'ignore.

quête improvisée au milieu de l'auditoire ému. De 1790 à 1819, pendant trente ans, la distribution des prix de vertu fut interrompue. En 1819 c'est M. le comte Daru qui, dans la séance du 25 août, fut le premier rapporteur de ce concours heureusement rétabli.

Dès l'origine, les prix de vertu avaient été l'objet de critiques, d'épigrammes, de plaisanteries, dont il reste aujourd'hui des traces chez certains feuilletonistes et chez les détracteurs de l'Académie. Le plus redoutable et le plus violent de leurs adversaires a été Chamfort, cet académicien renégat, dont les invectives et les déclamations ont été plus d'une fois reproduites, et aussi réfutées, dans les rapports annuels de l'Académie sur les prix de vertu. Chamfort s'est indigné contre des récompenses pécuniaires pour la vertu, comme « un outrage aux vertus indigentes, un salaire insolent, une avilissante aumône qui humilie et profane ces grands sacrifices que rien ne peut payer et qui établissent une roture de la vertu ». Sur un ton non moins tranchant ni moins superbe, et avec une emphase stoïcienne, la Convention nationale devait bientôt prononcer en ces termes l'arrêt de mort des prix de vertu : « Il est immoral de récompenser des gens qui n'ont fait que leur devoir de citoyens ».

Depuis 1819 il y a eu, chaque année, à l'Académie des rapports sur les prix de vertu. J'ai parcouru les plus anciens dans un recueil qui les comprend depuis 1819 jusqu'à 1856 [1]; j'ai entendu moi-même les plus récents. Parmi ces rapporteurs se rencontrent les noms les plus divers et les plus illustres, Cuvier, Laplace, un ancien ministre de la guerre, de Cessac, un évêque, Mgr Frayssinous, M. de Salvandy. Pas plus que Mgr de Boisgelin, l'archevêque d'Aix, Mgr Frayssinous, l'évêque d'Hermopolis, ne fait mauvaise grâce à ces récompenses profanes de la vertu, données en dehors de l'Église. Quatre fois M. de Salvandy a rempli, avec éclat et avec la plus chaleureuse émotion, ce rôle de rapporteur. Je me rappelle l'impression éprouvée par l'auditoire tout entier quand il célébra le dévouement de cet officier de cuirassiers,

---

1. 2 vol. in-12, 1858, chez Garnier.

Martinet, qui, à l'issue d'une fête au Champ de Mars, sauva, au risque de sa vie, des femmes, des enfants qui périssaient sous les pieds d'une multitude affolée s'écrasant aux grilles de l'École militaire ; je me rappelle aussi la peinture non moins émouvante qu'il fit, dans un autre rapport, de cette servante héroïque qui, seule courageuse, au milieu des scènes sauvages et sanglantes de Busançay, sauva sa maîtresse en la couvrant de son corps.

Parmi les rapporteurs les plus récents j'ai entendu MM. Renan, Alexandre Dumas, Maxime Du Camp, Caro, Boissier, Sully Prudhomme. Tous ont excellé à raconter, à faire aimer et admirer les vertus couronnées ; tous ont attendri, ont ému l'auditoire. Mais peut-être, dans leurs considérations générales en faveur des prix de vertu et sur la vertu elle-même, ne sont-ils pas à l'abri de quelques critiques.

Je crois que les prix de vertu n'avaient pas besoin d'être défendus à nouveau, comme ils l'ont été à peu près chaque année, au risque d'un certain nombre de répétitions. Du moins fallait-il les défendre d'un point de vue moins étroit et moins exclusif, et sortir un peu plus du cercle de l'Académie française. Il eût été à propos d'élever et de généraliser davantage la question par le rapprochement des prix de vertu académiques avec une foule d'autres, et en les rattachant à ce grand principe, d'où tous ils découlent, de l'encouragement au bien. Autant vaut ce principe de l'encouragement au bien, autant valent les prix de vertu de l'Académie française et en général tous les prix de vertu. Mettre en question l'utilité, la convenance, la moralité des prix de vertu, c'est contester la légitimité de l'encouragement au bien lui-même, c'est condamner toutes les récompenses publiques à la vertu, qui ont été et qui sont encore si variées, si nombreuses, et qui jouent un si grand rôle dans l'éducation nationale, dans la vie publique et dans la vie privée. Il en est pour l'enfant à l'école ou au collège ; il en est pour les cheveux blancs, pour les bons et vieux services; il en est de communes à toutes les carrières, et d'autres spéciales à quelques-unes; il en est pour la vertu en général, d'autres pour telle ou telle espèce de vertu et de dévouement, particulièrement pour la piété filiale, pour les vertus de famille; il en est qui sont décernées par l'État, par des villes, d'autres par des sociétés particulières, par des académies de province qui, grâce à de généreux donateurs, disposent, comme l'Académie française, de sommes plus ou moins considérables pour encourager et récompenser le bien.

En première ligne de ces récompenses je mets les décorations que l'austère M. Barodet, comme le maréchal des logis Thomas, promu au commandement de la garde nationale en 1848, voudrait abolir, au moins dans l'ordre civil. Sans doute la plupart des croix de la Légion d'honneur sont la récompense de mérites littéraires et artistiques ou de services administratifs et politiques, exceptionnels ou non, qui n'ont rien de commun avec la vertu. Mais il y a aussi des décorations données à de grandes, à de belles actions, à des actes de dévouement. La valeur militaire pour la défense de la patrie n'est-elle pas d'ailleurs elle-même une vertu?

Outre les décorations, il y a des médailles militaires ou civiles, en bronze, en argent, en or, des primes, des mentions insérées dans le *Journal officiel* d'actes de dévouement. Le ministre de l'intérieur, les préfets les donnent à des citoyens ou à des agents qui ont exposé leur vie pour arracher une victime du feu ou des eaux, dans un incendie ou une inondation, qui se sont jetés au-devant d'un cheval emporté ou d'un chien enragé, qui ont arrêté un assassin au péril de leur vie. Il y a eu des médailles spéciales, par exemple les médailles du choléra, pour récompenser le courage déployé contre tel ou tel fléau. Ajoutons les sociétés particulières qui, comme celles des sauveteurs bretons, de la morale chrétienne, des victimes du devoir, de l'encouragement au bien, et d'autres encore, donnent aussi des médailles ou des récompenses pécuniaires et des secours aux familles laissées dans la misère par ceux qui sont tombés victimes du devoir et de leur dévouement.

Outre l'État et les sociétés particulières, un certain nombre de municipalités distribuent des prix de vertu en argent, en médailles d'honneur ou en livrets de la Caisse d'épargne.

M. Boucher de Perthes, véritable Montyon municipal, a fondé, il y a quelques années, un prix annuel de 500 francs dans un certain nombre de villes de France, en faveur de l'ouvrière qui a montré le plus de zèle à venir en aide à ses parents. Ce sont des récompenses décernées à la piété filiale.

Le Conseil municipal de Paris dispose de quelques fondations qui se rangent dans la catégorie de l'encouragement au bien. Une des plus récentes est la fondation Batifol, d'une somme annuelle de 10 000 francs en faveur d'une ouvrière recommandable par sa capacité et sa bonne conduite. Citons encore les legs Pascal Faval et Préau, dont le revenu doit être distribué en dot, chaque année, à des filles pauvres et honnêtes; le legs Narabutin pour des ouvriers économes, et le legs Reverdy en faveur de bons pères de famille.

La ville de Lyon a une fondation considérable, la fondation Pléney, qui s'élève à 43 000 francs de rente, et se partage chaque année en livrets de la Caisse d'épargne de 500 francs en faveur de garçons et de filles âgés de vingt ans, « ayant, suivant les termes du testament, soutenu, par leur travail et leur dévouement prolongé, leurs frères et sœurs orphelins ou leurs parents malheureux[1] ». La ville de Reims, en une séance solennelle à l'hôtel de ville, le premier dimanche de décembre, distribue chaque année une somme de 14 000 francs pour récompenser « le travail, la vertu, le dévouement, l'attachement au devoir ».

A Bordeaux il y a une société d'encouragement au bien qui distribue des prix de vertu. A Marseille, deux fondations, l'une de M. Lemoyne, de 20 000 francs, l'autre de M. Desautels, de 40 000, sont destinées à récompenser des fils et filles de cultivateurs qui se sont distingués par leur piété filiale et leur assiduité à remplir tous leurs devoirs. Rouen dispose de 7 500 francs de rente pour les filles et garçons les plus méritants de ses écoles, pour leur con-

---

[1]. La ville est entrée en possession de ce legs important en 1867. Les choix sont faits par une commission composée de sept membres du conseil des prud'hommes et sept de la commission des hospices. La distribution a lieu le 14 juillet. — L'Union chrétienne de fabricants distribue aussi chaque année des primes aux ouvriers les plus dignes.

duite comme pour leur travail. Caen a un legs Lair pour prix de courage et de moralité. A Clermont, je signale l'intéressante fondation, par Mme veuve Bonnabaud, d'une rente de 12 500 francs à partager entre les vieux domestiques qui se sont fait le plus remarquer par leur probité et leur fidélité à leurs maîtres; cette rente est divisée en vingt-cinq pensions de deux cents francs pour les plus âgés, et de soixante ou cent francs pour ceux qui n'ont pas plus de soixante-cinq ans.

La ville de Chambéry a hérité en 1860 de la fortune de M. Nicolas Burdin, qui doit être distribuée en prix de vertu pour les bons exemples, pour la piété filiale et les faits de dévouement. Amiens a plusieurs fondations (Vagniez-Piquet et Soyer) pour encourager la vertu dans les classes ouvrières. Le major Louis Robichon, né à Orléans et mort à Moulins en 1848, a légué à sa ville natale et à la ville de Moulins deux sommes considérables destinées à récompenser les actes de bravoure et de dévouement.

Au Havre il y a une fondation Lemaistre pour récompenser « une grande action ou un acte de courage et de dévouement ». La Société amicale de Loir-et-Cher, fondée par MM. Bozérian et Chapu, distribue, non seulement des secours à ses membres, mais des récompenses pour l'encouragement au bien. Alby et Castres décernent alternativement un épi d'or pour récompense de l'amour du travail.

Il y a des fondations pour prix de vertu dans des villes de moindre importance. J'en citerai trois à Honfleur, parmi lesquelles il en est une pour encourager l'ordre et la propreté dans les classes pauvres. Gardons-nous de sourire : cette récompense est bien méritée par la femme qui, malgré sa pauvreté, tient proprement son ménage, son mari et ses enfants. Une somme importante a été récemment léguée à Issoudun, dont les revenus doivent être attribués à des familles de vignerons pauvres, d'une conduite irréprochable. Il n'y a pas jusqu'à quelques chefs-lieux de canton qui n'aient des prix de vertu. Citons tout au moins, pour terminer cette énumération déjà longue quoique bien incomplète, Vatan, dans le Cher, où un prix existe en l'honneur de la piété filiale.

Ainsi, même en mettant à part pour le moment les prix académiques auxquels nous allons revenir, se sont multipliés par toute la France les prix de vertu. Ils portent des noms différents, ils varient de forme et de valeur, mais ils ont tous un même but, l'encouragement au bien, à la charité, au dévouement. On ne peut attaquer les uns sans attaquer les autres, sans s'en prendre à ce sentiment universel qui applaudit aux récompenses pour le bien, non moins qu'aux châtiments pour le mal. Y a-t-il rien de plus moral au monde, et j'ajoute rien de plus opportun dans le temps où nous sommes?

Ces récompenses ne sont dues qu'aux bonnes actions librement accomplies, et qui dépassent le niveau commun du devoir. La liberté d'ailleurs, sans laquelle nulle récompense ne saurait être méritée, n'est pas seulement dans les actions plus ou moins réfléchies à l'avance, elle est aussi dans l'entraînement spontané de celui qui se dévoue pour sauver son semblable, de celui qui, sans nul calcul, sans nulle hésitation, fait le bien dont il a l'intuition, ou qui est arrivé à l'accomplir sans effort par une habitude longuement et péniblement acquise. Quant à celui qui n'aurait réellement agi que par instinct, c'est-à-dire par une noble mais aveugle impulsion de sa nature, je ne crois pas qu'il ait droit à une récompense, quelque belle et utile que fût son action. Cependant il m'a paru que, chez quelques-uns des derniers rapporteurs des prix de vertu, il y avait un certain penchant, qui peut-être leur venait des théories déterministes à la mode, à nous faire voir un pur instinct dans cet entraînement continu au bien qui est le caractère distinctif de la plupart des lauréats. On aurait dit qu'ils se les représentaient comme un bon chien de chasse toujours sur la piste du gibier. Cette comparaison peu flatteuse n'a pas été faite, mais elle m'a été plus d'une fois suggérée par leur manière d'expliquer et de louer les vertus de leurs héros.

Je viens de parler du devoir et du sentiment du devoir qui entrent dans toute action vraiment vertueuse, et qui seuls méritent d'être récompensés. Mais qui n'a fait que son devoir mérite-t-il une récompense? Est-il, je ne dirai pas immoral, comme le prétendait la Convention, mais convenable et à propos de récompenser des citoyens qui n'auraient strictement fait que leur devoir, c'est-à-dire ce qu'ils n'auraient pas pu ne pas faire sans être dignes de blâme? Je n'hésite pas à répondre qu'à ceux-là, en effet nulle récompense n'est due. Le soldat qui n'a fait que ne pas lâcher pied à la bataille ne reçoit pas la croix. Quelque opinion qu'on puisse avoir de l'immoralité du siècle, nous inclinons à croire que ceux qui font leur devoir, dans les circonstances communes, sont plus nombreux que ceux qui ne le font pas; combien donc ne faudrait-il pas multiplier les récompenses, et à quel médiocre degré d'estime et de valeur ne les ferait-on pas descendre! Les prix de vertu sont, ou doivent être, pour ceux-là seuls qui ont fait, non pas seulement leur devoir, et rien que leur devoir, mais quelque chose de plus que ce qui est exigé de tous. Au-dessus de ce niveau commun du devoir qui s'impose à tous également et où chacun doit se maintenir, sous peine de manquer à ce qu'il doit, il y a des actes vertueux, accomplis dans des circonstances exceptionnelles et difficiles, auxquels nul, à la rigueur, ne saurait être tenu, d'autant plus louables qu'ils ne sont pas obligatoires ; en un mot, au-dessus du devoir il y a le dévouement.

Il peut sans doute se présenter des cas où l'un se rapproche plus ou moins de l'autre, et où il est plus ou moins difficile de marquer la limite précise qui les sépare, mais la distinction n'en existe pas moins, et c'est à tort que quelques moralistes ont voulu l'effacer. Nulle municipalité, nulle académie, par exemple, ne songera à récompenser celui qui, de son avoir, ou même de son travail, a entretenu ses vieux parents sans avoir à supporter des privations extraordinaires, ni celui qui, sans s'imposer aucun pénible sacrifice, aura plus ou moins contribué de sa bourse à des œuvres de bienfaisance, ni à celui qui, de la rive, ou même en se mouillant jusqu'au genou, au risque de quelque rhume, aura tendu une perche à qui se noyait.

Il n'en est pas de même de ceux qui ont tout sacrifié, leur fortune, leur santé, pour le soulagement des misérables, pour le soin des malades étrangers, sans aucun lien avec eux que celui de l'humanité et de la charité, et pour ceux-là qui se sont, au risque de leur vie, précipités dans les flammes ou dans les flots pour leur arracher quelques victimes. Suivant la profession, l'état, les engagements, il y a des actes, il est vrai, qui pour les uns relèvent du devoir commun, et qui pour les autres sont plus que du devoir. Dans un naufrage, le devoir du capitaine est de rester le dernier sur son bord et de veiller au salut de tous avant le sien. Mais le simple passager qui reste avec lui, qui se dévoue pour sauver les autres, sans songer d'abord à se sauver lui-même, dépasse la mesure de ce qu'il doit. Elle dépasse aussi cette mesure la femme du monde qui, sœur de charité volontaire, se consacre pendant la contagion au soin des malades. Celui qui a pris le fusil, quoique dispensé par la jeunesse ou par son grand âge, pour repousser l'invasion, a plus de mérite assurément que celui qui y a été contraint par la loi. Quiconque risque sa vie pour le salut d'autrui fait plus qu'il ne doit.

Pour l'honneur de l'humanité, des actes pa-

reils, dont plusieurs demeurent ignorés, sont
plus fréquents qu'on ne le suppose. A s'en tenir
aux journaux et aux faits divers que chaque
jour ils relatent, combien de dévouements dont
les modestes auteurs cherchent à échapper aux
applaudissements de la foule émue, et cachent
leur nom, qu'il importerait cependant, pour
l'exemple et pour le bien public, de divulguer?
Ces excédents, pour ainsi dire, du devoir, ces
actes de dévouement, voilà la matière des prix
de vertu, voilà seulement à quels titres, aujourd'hui, et dès l'origine, l'Académie et les autres
corps chargés de distribuer de semblables récompenses, ont couronné les lauréats du plus
beau, selon moi, de tous les concours.

II

L'ACADÉMIE FRANÇAISE ET LES ACADÉMIES DE PROVINCE

Accroissement du nombre et de l'importance des prix de vertu académiques. — Réponse aux sarcasmes de Chamfort contre l'argent donné en récompense à la vertu. — Nul de ces lauréats n'a pensé faire un bénéfice avec la vertu. — Ils ne se sont pas présentés eux-mêmes ; il a fallu les découvrir, les dénoncer à l'Académie. — Montyon a eu raison de donner d'abord la préférence aux Français pauvres. — Mais il faut aussi des récompenses pour les riches qui ont bien usé de leurs richesses et qui ont rendu des services à l'humanité. — Avantages d'un dédoublement de la séance mixte des prix littéraires et des prix de vertu. — La vertu doit être entendue dans sa plus large acception. — Toutes les formes du courage, tous les dévouements à la science, tous les services à l'humanité doivent y être compris. — Grands prix à réserver pour la séance annuelle des cinq Académies. — Nombreux prix de vertu dans les Académies de province. — Pourquoi les dons affluent aux Académies. — Jamais ne furent plus opportuns les encouragements au bien pour combattre tant d'excitations au mal.

Distribués par l'Académie française, par la plus ancienne et la plus illustre des classes de l'Institut, par un des corps qui présentent le plus de garanties d'indépendance et de lumières, ces prix reçoivent une importance et un éclat qu'aucune société particulière, aucune institution locale, ou même aucune municipalité, ne pourraient leur donner. Les autres classes de l'Institut, l'Académie des sciences et l'Académie des sciences morales et politiques, disposent d'un certain nombre de prix dont les fondateurs ont été inspirés, non pas seulement par l'amour des lettres ou de la science, mais par amour de l'humanité, et qui sont destinés à récompenser les auteurs de quelque découverte qui diminue nos misères et nos souffrances. Tels sont les prix pour l'extinction du paupérisme ou pour l'amélioration du sort des classes pauvres, pour les meilleurs moyens de préserver la santé des ouvriers d'industries insalubres, pour les progrès de l'hygiène, pour les ouvrages les plus propres à répandre l'instruction dans le peuple et à développer l'amour de la patrie. Mais à l'Académie française seule, jusqu'à présent, il est donné de distribuer des prix de vertu. Qu'il nous soit permis de lui envier ce glorieux privilège.

Les autres classes de l'Institut, et particulièrement l'Académie des sciences morales et politiques, qui a une section de morale dans son sein, sembleraient devoir être appelées à partager cette tâche avec elle. Il est probable que, si elle eût existé au temps de la donation de Montyon, elle aurait eu sa part, si même elle n'eût pas été préférée.

Depuis ce premier prix de 1783, qui était unique, les prix de vertu, comme les prix littéraires et scientifiques, se sont accrus en nombre et en importance, soit par les effets de plus en plus considérables du legs Montyon, soit par les dons de nouveaux bienfaiteurs. Outre les prix Montyon, l'Académie en possède un certain nombre d'autres, pour récompenser la vertu en général, ou telle ou telle espèce particulière de vertu et de dévouement. Je ne donnerai pas la liste entière de ces imitateurs de Montyon, je me borne à citer quelques-uns des plus généreux, comme M. Honoré de Sussy qui a légué à l'Académie française une somme de 200 000 francs, et Mlle Camille Favre qui lui a légué 14 500 francs de rente à distribuer chaque année en prix de 500 francs avec une médaille. Le legs de Mlle Camille Favre était fait à l'Institut, non à l'Académie française; je suis de ceux qui ont regretté que l'Institut ne les ait pas gardés pour les distribuer en son nom dans la séance annuelle des cinq Académies. Il faut ajouter le legs que vient de faire le docteur Buisson de sa fortune entière « pour augmenter le nombre et l'importance des prix de vertu. » Aujourd'hui l'Académie dispose à peu près d'un aussi riche budget pour encourager le bien que pour encourager les belles-lettres. J'ose même prédire que bientôt les sommes consacrées aux prix de vertu l'emporteront [1].

Récompenser, encourager la vertu n'est pas assurément la moins considérable ni la moins noble part de sa double mission. Il est bien de donner des couronnes à qui l'emporte dans les lettres, dans l'éloquence et la poésie, mais il est mieux encore d'encourager la vertu; bien faire est au-dessus de bien dire, en prose ou en vers.

L'Académie ne donne pas seulement des

---

[1]. M. Émile Robin vient d'offrir à l'Académie un nouveau prix de 1 000 francs, principalement destiné à récompenser les actes de dévouement à la famille

mentions d'honneur, ou même des médailles, elle y ajoute une certaine somme d'argent pour ses lauréats de la vertu comme pour ses lauréats des belles-lettres; c'est un des griefs des adversaires des prix de vertu. Rétribuer, salarier celui qui fait le bien, donner de l'argent pour la vertu, la tarifer au prix de quelques pièces d'or, combien, suivant eux, n'est-ce pas rabaisser la vertu! Montyon a voulu que ces prix fussent décernés non à des riches, mais à des Français pauvres, ce qui, selon Chamfort, est un outrage aux vertus indigentes, une avilissante aumône.

Je crois que Montyon a eu raison de mettre en première ligne les Français pauvres pour le concours des prix de vertu. La charité, l'abnégation, ne prennent-elles pas plus de valeur chez ceux qui sont eux-mêmes pauvres et misérables, et qui seraient plus excusables, dans la gêne où ils sont, de songer à eux avant de songer à autrui? Que celui qui est dans la misère vienne néanmoins au secours de qui meurt de faim, ou que tout aussitôt, et sans hésiter, il porte chez le commissaire de police le billet de banque qu'il a trouvé dans la rue, combien plus qu'un riche n'est-il pas digne d'éloge ! Peut-on d'ailleurs soupçonner ces Français pauvres d'avoir agi par intérêt, en vue d'une bien faible, bien tardive et bien incertaine récompense, eux qui probablement ne savaient pas qu'il y eût au monde une Académie française et encore moins des prix de vertu? Lauréats d'un genre particulier, ils ne se sont pas présentés eux-mêmes comme candidats; ils ne se sont pas mis sur les rangs, ils n'ont pas sollicité des juges, ils n'ont pas fait valoir leurs titres ni envoyé leurs pièces à l'Institut. L'Académie ou leurs concitoyens doivent faire tout cela pour eux ; il a fallu qu'on réussît à les découvrir dans l'obscurité où ils se cachaient pour faire le bien, et qu'ils fussent en quelque sorte dénoncés par les témoignages spontanés des autorités locales ou par l'opinion publique.

D'ailleurs, que cet argent, secours inattendu qui leur arrive par une sorte de providence, est bien placé ! Ils ne s'en serviront pas, soyez-en sûrs, pour le mettre à la caisse d'épargne, ni pour acheter une action, ni pour se procurer plus d'aise et de plaisir : ils ne l'emploieront que pour continuer, pour étendre l'œuvre charitable à laquelle ils se sont dévoués. Quant à eux, avant, comme après, ils vivront de privations au profit des autres. Qu'il est même à regretter que l'Académie ne dispose pas en leur faveur de sommes plus considérables pour leur permettre de faire plus de bien encore !

Toutefois je voudrais des prix de vertu, non pas seulement pour les Français pauvres, mais aussi pour les riches, pour les grands et les puissants de tous les pays qui ont fait quelque bien à l'humanité, sauf à donner à ces prix une autre forme, comme celle d'une médaille d'or frappée en leur honneur. Il y a déjà bien des années, j'assistai, simple correspondant, à une séance où l'Académie des sciences morales et politiques eut à se prononcer sur l'acceptation d'un legs pour fonder une médaille d'or de 500 francs à décerner à l'homme riche qui aurait fait le meilleur usage de sa fortune. La proposition fut fort mal accueillie, ou même tournée en ridicule par la majorité des membres présents, parmi lesquels des hommes comme

MM. Guizot, Cousin ou Mignet. 500 francs pour un homme riche, dirent-ils en levant les épaules, cela n'est pas sérieux ! En moi-même je songeais qu'au contraire rien n'était plus sérieux, et je trouvais qu'un tel refus était regrettable.

Je ne sais ce que vaut cette rose d'or que le pape envoie chaque année à la princesse la plus méritante du monde catholique : mais je suis assuré que la reine ou l'altesse royale qui la reçoit s'estime fort honorée, quand même elle ne vaudrait pas 500 francs [1].

De même aussi quel honneur pour le millionnaire qui serait jugé digne d'une pareille médaille et qui viendrait la recevoir dans une séance solennelle des mains du président de l'Institut ! A qui a fait le meilleur usage de sa fortune ? De combien d'interprétations et d'applications diverses, toutes excellentes, est sus-

---

1. Elle a été donnée cette année à la princesse régente du Brésil, pour l'abolition de l'esclavage dans ses États. J'imagine aussi que la noble reine qui se cache sous le nom, déjà glorieux dans les lettres, de Carmen Sylva, aura reçu avec reconnaissance la grande médaille d'or que vient de lui décerner l'Académie française, et aussi M. Pasteur l'épi d'or d'Alby et de Castres. J'ai d'ailleurs lieu d'espérer qu'une récompense semblable pourra être bientôt décernée par l'Académie des sciences morales et politiques.

ceptible cette belle formule! L'Institut aurait pu d'abord donner cette médaille à Montyon lui-même; plus tard, au duc de Luynes, pour les services rendus aux beaux-arts et à l'érudition. A des titres semblables, et pour le don magnifique qu'il a fait à l'Institut, elle serait aujourd'hui bien méritée par le duc d'Aumale, qui, sans doute, ne la dédaignerait pas. Wallace l'aurait aussi méritée pour tant de belles fondations, pour tant de bienfaits envers l'humanité. Tel grand industriel, comme Dollfus, qui se serait signalé pour avoir consacré une partie de son gain et de sa richesse à l'amélioration du sort de ses ouvriers ou des classes ouvrières en général, serait un de ces lauréats d'élite. Celui qui aurait sacrifié sa fortune pour contribuer à quelque découverte qui diminue les souffrances de l'humanité aurait également des droits à ces récompenses insignes.

Que de millionnaires eussent été fiers de transmettre dans leurs familles cette médaille d'honneur avec leurs millions!

Non seulement l'Académie doit continuer avec zèle cette grande œuvre d'encouragement au bien, soit à l'égard des Français pauvres, soit même des Français riches, mais elle ne doit rien négliger pour l'étendre et pour en rehausser l'éclat. Je ne suis pas de ceux qui, comme certains membres de la Commission du budget, trouvent l'Institut trop riche : je suis de ceux, au contraire, et je ne perds pas une occasion de le dire, qui voudraient qu'il le fût bien davantage, pour les prix de vertu, comme pour tous les autres.

Rien ne me paraîtrait plus propre à attirer de nouveaux dons qu'une plus grande solennité donnée à la distribution des prix de vertu. D'abord l'Académie a bien fait de changer, il y a cinq ou six ans, l'époque de cette distribution. Elle avait lieu autrefois au mois d'août, et les bancs de l'Institut, même ceux de l'Académie française, étaient à peu près vides. Aujourd'hui qu'elle a lieu vers le milieu de novembre, les bancs sont tous remplis, et l'amphithéâtre est trop petit pour un public empressé. Je voudrais, en outre, qu'elle fît moins de besogne à la fois, c'est-à-dire que les deux distributions des prix de vertu et des prix littéraires fussent séparées, à l'avantage commun des uns et des autres, qui, chacun en particulier, mériteraient bien une séance tout entière, et non pas seulement une demi-séance. Contre les inconvénients de cette séance unique, beaucoup trop remplie et par des sujets si divers, je puis d'ailleurs invoquer en témoignage M. le secrétaire perpétuel et les rapporteurs eux-mêmes. Chaque année, à mesure que les deux sortes de prix augmentent, je les entends se plaindre du temps qui leur manque soit pour raconter les actions vertueuses dont ils ont à rendre compte, soit pour la critique et l'éloge des ouvrages couronnés.

C'est un véritable tour de force que d'enfermer tant de noms, tant de faits, tant d'appréciations, tant d'éloges ou de critiques, dans un rapport ou discours qui ne doit pas durer plus d'une heure. Ils n'évitent qu'à force d'esprit, de traits ingénieux, de fines transitions, la sécheresse et l'ennui d'une simple énumération ou d'un catalogue, mais non pas sans bien de fâcheuses coupures ou lacunes. Comment, en si peu de temps, faire défiler tant de livres en prose ou en vers, et en dire, même de la façon la plus sommaire, les qualités et les défauts? Encore moins le temps laissé au rapporteur des prix de vertu, qui a le désavantage de parler le second, lui permet-il de faire la part qui reviendrait à chacun de ses lauréats ou plutôt de ses héros de charité et de dévouement. Aussi à chaque page de leur manuscrit, l'un et l'autre s'excusent-ils auprès du public de la gêne où ils sont pour dire tout ce qu'ils auraient à dire. Il serait cependant facile de les mettre plus à l'aise en accordant aux lettres, comme à la vertu, l'honneur, dont elles sont également dignes, d'une séance tout entière, au lieu seulement d'une moitié ou d'un tiers. Chaque année l'Académie aurait deux séances solennelles, l'une pour les prix littéraires, l'autre, non moins attrayante, exclusivement réservée aux prix de vertu. Elle n'aurait assurément qu'à se féliciter d'une innovation qui accroîtrait sa renommée et sa popularité.

Chacune de ces deux séances solennelles pourrait être remplie, sans qu'il fût nécessaire d'imposer aux orateurs la fatigue d'un trop long rapport ou discours. Pour la séance exclusivement littéraire, il suffirait de faire une place plus grande à la lecture de fragments d'œuvres couronnées, en prose ou en vers, qui ont toujours un grand succès dans la bouche de M. Halévy ou de M. Coppée. Quant aux prix de vertu, la tâche, si elle paraissait trop lourde pour un seul, pourrait être divisée entre deux rapporteurs, qui se feraient une sorte de partage des divers genres de belles actions et de vertus. D'ailleurs, qu'on le veuille ou non, d'une façon ou d'une autre, ces deux séances s'imposeront bientôt nécessairement à l'Académie à cause du nombre toujours croissant des legs et des donations pour les lettres et pour la vertu. Le temps ne suffira plus, même pour une simple énumération.

Je ne crois pas qu'il soit à craindre que cette fête de la vertu doive perdre de son attrait en perdant de sa nouveauté, comme paraissait s'en inquiéter un des derniers rapporteurs, après avoir d'abord heureusement rappelé la vive émotion excitée par le premier prix de vertu décerné en 1783. A défaut du charme de la nouveauté, les prix de vertu auront toujours, il nous semble, ce qui ne périt pas, l'attrait qui s'attache aux belles actions, les sentiments sympathiques qu'elles éveillent, l'enthousiasme pour le dévouement; le simple récit en demeurera toujours touchant, même sans nul effet oratoire. Que de larmes en l'entendant prêtes à s'écouler, non pas seulement des yeux des dames et du public, mais des académiciens les plus habitués à ces cérémonies! Faites paraître l'humble et pieuse héroïne ou le héros modeste, si toutefois ils consentent à se montrer, de quelque grande œuvre de charité et de dévouement, faites-les traverser l'assemblée, pour recevoir leur récompense des mains du président, et vous verrez se renouveler des scènes non moins vives d'attendrissement et d'enthousiasme qu'en 1783.

Après avoir parcouru la plupart des notices des prix de vertu, nous pouvons dire que tous ces prix nous semblent avoir été bien donnés, et qu'il n'est pas un seul lauréat qui n'ait mérité cette juste et solennelle récompense. Où M. Maxime Du Camp a-t-il puisé tous les beaux traits de cette morale en action du xixe siècle avec lesquels il a composé son livre de *la Vertu en France*? Il nous dit, dans la préface, qu'il les a puisés surtout dans les archives de l'Académie française, « où il a recueilli une moisson si abondante qu'il a éprouvé parfois quelque peine à décider de son choix ». Quelle précieuse et édifiante collection, que de beaux exemples à suivre, que de traits admirables dans toutes ces notices que l'Académie publie chaque année à part et répand à un grand nombre d'exemplaires! Ce sont comme les annales de la vertu, c'est la morale en action contemporaine. Voilà des documents, qui sont bien aussi des documents humains, parfaitement authentiques, et que l'Académie peut opposer à tous ces documents de l'immoralité et du crime si soigneusement recueillis, pour charmer leur public blasé, par nos poètes et romanciers réalistes.

Qu'elle continue donc à honorer, à récompenser et à mettre au grand jour, en dépit de la modestie de leurs auteurs, ces actes de charité privée d'autant plus admirables qu'ils étaient destinés à demeurer obscurs, si elle n'en eût pas fait la découverte. Je ne ris pas, il s'en faut bien, comme se l'est permis l'auteur si mal inspiré de *l'Immortel*, « de ces vieilles bonnes dévouées et de ces infirmiers modèles », auxquels elle donne des couronnes. Mais peut-être, surtout à mesure que ses ressources et ses prix augmentent, ferait-elle bien d'étendre ses choix au delà des limites dans lesquelles elle semble jusqu'à présent s'être plus ou moins renfermée. Ses récompenses se sont en effet généralement adressées plutôt aux vertus privées qu'aux vertus publiques.

Il serait bien qu'elle prît davantage aujourd'hui ce grand mot de vertu dans toute l'extension que lui donne Montesquieu, quand il en fait la base du gouvernement républicain. Je sais qu'il appartient plus particulièrement à l'État, comme l'ont remarqué quelques rapporteurs, de récompenser les vertus publiques, la valeur militaire par exemple. Mais, la valeur militaire mise à part, combien d'autres genres de vertus publiques et de courages qui seraient aussi le lot de l'Académie, et qu'elle pourrait récompenser, concurremment avec l'État, ou à défaut de l'État? La vertu, au sens large, comprend tous les courages, non pas seulement le courage du soldat, mais le courage sous toutes les formes, le courage civil, si rare aujourd'hui, le courage scientifique, le dévouement à la science, tous les sacrifices au bien de la patrie et de l'humanité.

Dans ce programme élargi des prix de vertu, je ferais place aux savants qui ont risqué leur santé, leur vie même dans les expériences du laboratoire, dans la combinaison et le maniement de substances dangereuses, mais utiles pour la médecine ou l'industrie, ou pour l'avancement de la science elle-même. Je n'oublierais pas ces aéronautes intrépides qui, au péril de leur vie, tentent de nouveaux moyens de se diriger dans les airs et de communiquer de peuple à peuple, ou de continent à continent, par-dessus les montagnes et les mers. J'aurais des prix pour les médecins, pour les internes des hôpitaux, pour les admirables sœurs de charité, si elles voulaient bien les recevoir, qui se dévouent dans une épidémie au soin des malades et bravent la contagion ; j'en aurais pour ceux qui, comme Thuillier, par amour de l'humanité et de la science, s'en vont au loin étudier sur place, dans leur foyer, les plus redoutables infections.

De pareils prix ne devraient-ils pas être décernés aux voyageurs savants et intrépides qui pénètrent, à travers tous les dangers, dans des régions inconnues et barbares, qui ouvrent des voies nouvelles à la civilisation, qui l'introduisent, avec le nom de la France, là où régnait la barbarie, comme Savorgnan de Brazza au Congo ?

Si l'on pouvait donner des récompenses à ceux qui vont au-devant du martyre, j'en demanderais de bien grandes pour cette sainte et intrépide milice placée sous les ordres du cardinal Lavigerie, pour ces missionnaires qui combattent, au centre de l'Afrique, l'anthropophagie et l'esclavage. Sans doute, pas plus que les sœurs de charité, ils ne songent à des récompenses, ou du moins à celles que les hommes peuvent donner, mais il s'agit de témoigner, pour notre honneur à nous, que nous ne sommes pas insensibles à la beauté de ces dévouements, non moins que d'exciter d'autres à les imiter dans l'intérêt de l'humanité [1].

Je voudrais même qu'il fût donné une solennité exceptionnelle à quelques-uns de ces grands prix de dévouement à la science, à l'humanité, au bien public. Au lieu de les décerner au nom de l'Académie française toute seule, je les mettrais sous le patronage de l'Institut tout entier, dans la séance annuelle des cinq classes réunies. Il me semble qu'ils gagneraient en prestige, surtout les prix de dévouement à la science, si parmi les juges il y avait les représentants de la science. Pour donner un exemple, le grand prix décerné par l'Académie française à M. Pasteur, il y a deux ans, pour ses travaux sur la rage, au milieu de tant d'autres prix d'ordre inférieur avec lesquels il a été confondu, eût certainement gagné à être mis à part, et à être réservé pour cette séance des cinq classes de l'Institut. Un prix à

---

[1]. L'Académie des inscriptions vient d'accorder, sur le legs Garnier, des prix à trois de ces missionnaires, pour leurs découvertes dans l'intérieur de l'Afrique.

M. Pasteur où n'entrent pour rien les suffrages de l'Académie des sciences a pu paraître quelque chose d'un peu étrange au public et à une partie de l'Institut. La part de l'Académie française demeurerait encore assez belle pour qu'elle ne dût en éprouver aucune sorte de jalousie.

L'Académie des sciences sera sans doute plus compétente pour décerner le grand prix Bréant de 100 000 francs au médecin d'Odessa [1], ou à tout autre qui, sous l'inspiration de M. Pasteur, aurait trouvé le remède contre le choléra; mais ce prix lui-même aurait plus d'éclat donné en séance extraordinaire par l'Institut tout entier. Ajoutons que cette séance des cinq Académies y gagnerait un intérêt qu'en général elle n'a pas, et qu'il faudrait chercher à lui donner. Comment se fait-il que la séance annuelle de l'Institut tout entier n'ait pas au moins autant d'attrait que les séances publiques de chaque académie particulière?

Si l'Académie, comme on l'a vu, a de puissants et nombreux auxiliaires dans les muni-

---

1. M. Gamaleïa.

cipalités, dans les sociétés particulières et dans l'État lui-même, pour cette tâche de l'encouragement au bien, elle en a d'autres encore plus directs, et à son image pour ainsi dire, dans un certain nombre d'académies de province qui, elles aussi, ont des prix de vertu à distribuer dans leur ressort, en même temps que des prix pour les sciences et les lettres.

L'Académie de Rouen a des récompenses, indépendantes de celles que la ville distribue (fondation Dumanoir), pour de belles actions accomplies, à Rouen même ou dans le département, et pour encourager la piété filiale, les vertus de famille (fondation de Mme veuve Rouland).

L'Académie d'Aix dispose de deux donations (Regnier et Rambot), l'une de 1000 francs et l'autre de 500 francs de rente, pour récompenser des actes de dévouement dans l'arrondissement d'Aix.

La Société des sciences, arts et agriculture de Lille, de même que la Société d'agriculture de Rennes, de même qu'un grand nombre de syndicats ou comices agricoles, décerne chaque année un certain nombre de médailles d'honneur aux bons et vieux serviteurs ou ouvriers de l'arrondissement, « pour leurs bons et longs services sans interruption chez le même patron, joints à une conduite irréprochable ».

La mieux dotée des Académies de province en faveur de la vertu, la plus riche après Paris, est celle de Lyon. Elle a reçu, il y a quelques années, de M. Lombard de Buffière, un legs de 200 000 francs dont les intérêts sont destinés à récompenser les instituteurs laïques ou religieux du département du Rhône et de l'Isère qui, suivant les termes du testament, pénètrent le mieux le cœur et l'esprit des enfants, de l'amour du bien, du sentiment de leurs devoirs envers la patrie et envers Dieu. Pourquoi faut-il que toutes nos écoles publiques soient mises en dehors de ce concours par l'exclusion de l'enseignement religieux de leur programme ?

Les dons appellent les dons, en province comme à Paris. Il y a trois ans, un riche négociant, M. Clément Livet, donnait, de son vivant, à la même Académie 100 000 francs pour un prix destiné à récompenser « un acte de dévouement spontané ou soutenu, un service rendu à l'humanité ». Enfin, et presque en même temps, elle recevait une donation plus considérable encore, la donation Chazières, qui s'élève à la somme de 238 000 francs, dont les intérêts doivent être consacrés à donner un seul prix, tous les trois ou même tous les quatre ans, et qui, par conséquent, sera plus considérable qu'aucun des grands prix de l'Institut. Le legs Chazières ne s'applique pas, il est vrai, exclusivement à la vertu; il est destiné aussi à couronner quelque grande œuvre dans les sciences et les arts, mais, à défaut d'un chef-d'œuvre scientifique, artistique ou littéraire, il peut être la récompense d'un grand acte de dévouement. Il n'est pas besoin d'être habitant du Rhône ou de l'Isère, il suffit d'être Français pour pouvoir prétendre à ce prix de 30 000 ou 40 000 francs dont va disposer l'Académie de Lyon. Mon énumération ici encore est incomplète, et je ne doute pas que plusieurs autres sociétés savantes aient en leur possession des prix de vertu.

Il est à prévoir d'ailleurs que les prix de vertu académiques, comme tous les autres prix littéraires ou scientifiques, iront en augmentant. Parmi les causes qui font affluer aujourd'hui tant de donations vers les Académies, il faut mettre sans doute en première ligne l'amour du bien, comme aussi des lettres, des sciences et des arts. Mais il en est encore une autre raison. Dans le désordre où nous sommes depuis un certain nombre d'années, par suite des progrès de l'intolérance, de l'esprit de secte et de la tyrannie administrative, beaucoup d'institutions pieuses et charitables, qui attiraient à elles les legs et les dons de citoyens généreux, ont cessé d'exister ou du moins ont perdu leur indépendance. Les commissions des hôpitaux, les bureaux de bienfaisance, sont dans la main des préfets ou des maires; les fondations qui ont un caractère religieux, en dépit de toutes les protestations et de la loi elle-même, sont impudemment détournées de leur but et appliquées à des œuvres animées d'un esprit tout contraire.

Dans cette instabilité de toutes choses, il

ne reste plus guère aujourd'hui que les Académies ou corps savants qui présentent quelques garanties de stabilité et d'indépendance. De là, la faveur dont elles jouissent aujourd'hui dans l'opinion publique, et la place plus grande qu'elles ont dans les pensées de ceux qui tiennent à laisser après eux un bon et durable souvenir de leur passage dans cette vie; de là, les dons qui leur affluent à Paris et en province.

Quand fut-il d'ailleurs plus opportun de relever, d'augmenter les excitations au bien, alors qu'il semble que partout nous voyons multiplier comme à dessein les excitations en sens contraire? Dans le monde officiel, dans les Chambres, dans bon nombre de conseils municipaux, qui donc a quelque souci de vertu et de moralité? Gardez-vous de parler d'ordre moral, si vous ne voulez pas qu'on se moque de vous. Que dire de tant d'œuvres de plus en plus immorales, scandaleuses, obscènes, qui s'affichent librement sur les murs, qui s'étalent sous les vitrines, qui répandent dans toutes les classes de la société la corruption et le goût du mal, mais qui valent des croix à leurs auteurs! Comme pour en finir plus promptement avec la moralité publique et l'étouffer dans son germe, on s'attaque au cœur même de l'enfance. Tout va bien dans les écoles, tout est au mieux pourvu que la religion n'y entre pas, ou pourvu, si elle y entre, qu'elle y soit bafouée. Aussi le nombre augmente-t-il de ceux qui n'ont ni foi, ni loi, ni amour de la patrie; peu importe, semble-t-il, pourvu qu'ils puissent lire d'horribles pamphlets, des livres orduriers et qu'ils apprennent à admirer, non pas les principes de 89, mais les crimes de la Révolution.

Si l'Académie a reçu de son fondateur la mission de veiller sur la langue, les lettres et le bon goût, en acceptant les donations de Montyon et de ses successeurs pour les prix de vertu elle a accepté la mission non moins noble, à laquelle elle n'a pas manqué, et à laquelle elle ne manquera pas, de veiller sur la vertu en France, selon le titre de l'ouvrage de Maxime Du Camp, et d'encourager les belles actions comme les belles-lettres.

Sans m'exagérer l'influence de toutes ces récompenses à la vertu, sans mettre en comparaison cette influence avec celle que peuvent avoir, pour le bien, comme ils l'ont aujourd'hui pour le mal, l'éducation nationale, le théâtre, la littérature, l'action gouvernementale, j'estime cependant qu'elle n'est pas à mépriser. Il y a la contagion du mal, mais il y a aussi une contagion, quoique moins puissante et moins prompte, du bien et des bons exemples. Nous applaudissons donc à toutes ces nouvelles fondations de prix de vertu que nous venons de signaler à l'Académie française et dans toute la France. Puissent-ils au moins contre-balancer quelque peu ces encouragements au mal, si pernicieux pour les individus et pour la société, dont commencent eux-mêmes à s'alarmer les satisfaits, les indifférents d'il y a quelques années et les tristes railleurs de l'ordre moral !

Les prix de vertu se justifient donc, comme tous les encouragements au bien, par les considérations morales de l'ordre le plus élevé, en dépit des plaisanteries, des sarcasmes d'esprits légers, ou même des scrupules de moralistes trop austères.

CINQUIÈME ÉTUDE

SUR LE MENSONGE

I

LA RÈGLE DE DIRE LA VÉRITÉ EST-ELLE ABSOLUE ?

Opinions de saint Augustin, de Montaigne, de Corneille, de Kant. — Une des plus cruelles injures aux yeux du monde. — Diverses espèces de mensonges. — Mensonges héroïques. — Sentiments opposés de Jacobi et de Kant. — Mensonges officieux. — Nécessité pour l'union en société de cette mutuelle tromperie. — Alceste lui-même ment trois fois avant de dire la vérité à Oronte. — La grande règle de Kant retournée contre lui. — Des mensonges pour rire. — Distinction des mensonges officieux et des mensonges obséquieux. — Condamnation absolue de tout mensonge au détriment d'autrui ou pour son propre bien. — Nulle exception ou excuse que pour les mensonges en vue du bien d'autrui. — Devoir de dire la vérité, bien qu'elle puisse perdre un coupable, devant un tribunal. — Exemple de Jeanie Deans dans Walter Scott. — Du serment. — Deux mensonges de Rousseau. — Vérités à dire ou à ne pas dire.

Cette étude sur le mensonge se rattache étroitement à une de celles qui précèdent. Nous avons vu dans l'étude sur la fausse conscience comment on cherche à se tromper soi-même; ici nous allons voir comment on cherche à tromper les autres. Distinguons d'abord diverses sortes de mensonges, puis déterminons les circonstances dans lesquelles le mensonge est plus ou moins condamnable, dans lesquelles même il peut devenir légitime. Qu'il est difficile aux plus honnêtes et aux plus droits de dire toujours la vérité! Qui n'a jamais menti? *Omnis homo mendax*, selon l'Écriture. Tout homme ment, a dit le sage, à en croire aussi La Fontaine [1].

L'Église chrétienne a fait de Satan le père du mensonge, et, parmi les commandements de Dieu, elle a mis celui-ci : Tu ne mentiras aucunement. Dans son horreur du mensonge, saint Augustin a été jusqu'à dire qu'il ne serait pas permis de mentir quand il s'agirait du salut du monde.

Plusieurs philosophes ou moralistes, parmi les anciens et parmi les modernes, ne sont pas moins sévères contre le mensonge. Ils le flétrissent comme chose lâche, indigne de l'homme, non moins que pernicieuse à la société. Selon

---

1. *Le Dépositaire infidèle.*

Plutarque, mentir est chose servile, justement détestée de tous les hommes et qu'on ne peut pardonner même à des esclaves, si ce n'est de la dernière condition [1]. »

Montaigne, qui n'est pas, en général, un moraliste bien sévère, quelque indulgent qu'il soit pour bien des faiblesses humaines, ne l'est pas pour le mensonge. « En vérité, dit-il, le mensonge est un maudit vice. Nous ne sommes hommes et nous ne tenons les uns aux autres que par la parole. Si nous en considérions l'horreur et le poids, nous le poursuivrions à feu plus justement que d'autres crimes [2].

De la part de Corneille, le poète de l'honneur et du devoir, je ne m'étonne pas d'une condamnation non moins sévère du mensonge. Qu'elle est éloquente, dans *le Menteur*, cette protestation d'Alcippe contre les mensonges où Dorante semble se complaire :

> Tout homme de courage est homme de parole ;
> A des vices si bas il ne peut consentir,
> Et fuit plus que la mort la honte de mentir.

1. *De l'Éducation*, chap. XIV.
2. Chapitre *Des menteurs*.

Kant n'est pas moins sévère que saint Augustin lui-même contre le mensonge. Il y voit la plus grande transgression de ce que l'homme doit à sa nature morale. Le déshonneur accompagne, dit-il, le menteur comme son ombre; c'est moins un homme véritable que l'apparence trompeuse d'un homme. Rien, selon lui, n'égale la honte du mensonge ; c'est l'avilissement, l'anéantissement de l'espèce humaine.

A cette règle de ne jamais mentir, il n'admet pas une seule exception, quelles que soient la grandeur et la générosité du motif, et alors même qu'il s'agirait de sauver la vie d'un ami et d'un innocent. Il applique ici inflexiblement le critérium par lequel il tranche toutes les questions où il peut y avoir doute dans notre esprit sur ce que nous devons faire ou ne pas faire. Essayez, dit-il, d'ériger en règle universelle d'action de l'humanité tout entière la tentation où vous êtes de mentir en telle ou telle circonstance, et il vous apparaîtra clairement que vous n'en avez pas le droit. Nul mensonge, suivant lui, ne résiste à cette épreuve. Supposez en effet que tout le monde mente, comme vous avez dessein de mentir, nulle société ne serait possible.

Les gens du monde, quoique d'ordinaire si peu scrupuleux en fait de mensonge, manifestent cependant, en certaines circonstances, un louable et vif amour de la vérité ; rien ne les blesse plus que l'accusation jetée en face, ou même le simple soupçon, d'avoir manqué à leur parole. Vous en avez menti! c'est l'injure suprême qui semble ne pouvoir se laver que dans le sang. Qu'est-ce à dire, sinon que la conscience publique, bien que si fort relâchée en ce point de morale, comme en tant d'autres, se réveille parfois, et proteste que rien n'est plus contraire que le mensonge à la dignité de l'homme.

Il est bien vrai qu'au point de vue de la morale théorique rien n'est plus condamnable et plus indigne de l'homme que le mensonge. Mentir, c'est faire servir à un usage contre nature la parole qui ne nous a été donnée que pour la vérité. De la parole, si elle sert pour tromper, on peut dire comme du glaive dont Didon s'empare pour se percer le sein :

... Non hos quæsitum munus in usus.

Loin de moi la pensée d'entreprendre une apologie du mensonge et d'aller sur les traces de casuistes relâchés qui ont enseigné à mentir sans péché par la seule direction d'intention. Jamais au contraire il ne fut plus opportun qu'en un temps si fort enclin à tous les mensonges, de prêcher le respect de la vérité, de travailler à fortifier la bonne foi et à discréditer la mauvaise sous toutes ses formes. Toutefois les maximes de saint Augustin et de Kant ne sont peut-être pas susceptibles d'une application absolue et sans nulle restriction, à tous les cas qui peuvent se rencontrer dans la vie; la crainte d'un mal pourrait quelquefois nous jeter dans un pire. Il s'agit d'examiner si le respect dû à la vérité en général, à la vérité abstraite, ne peut souffrir aucune exception à l'égard de vérités particulières et concrètes. Le mensonge est-il toujours une faute, non seulement grave, mais même légère? N'y a-t-il pas une distinction à faire entre des mensonges illicites et des mensonges licites jusqu'à un certain point, ou même tout à fait? D'après ces doutes et ces distinctions, qu'on ne se hâte pas de m'accuser d'une trop grande disposition à l'indulgence pour les menteurs. Ceux qui me liront jusqu'au bout me trouveront peut-être trop sévère, plutôt que trop indulgent, surtout en tenant compte des mœurs du temps présent.

Il y a bien des espèces de mensonges. Quelle infinie diversité dans leurs motifs, dans leur objet, dans leurs suites! Il en est de généreux, il en est d'ignobles; il en est qui ont pour but de nuire, d'autres de rendre service; il en est d'insignifiants, il en est de la dernière gravité. Faut-il tous les condamner indistinctement et en masse, en leur appliquant le paradoxe stoïcien de l'égalité des fautes?

Mettons tout d'abord à l'écart, comme indignes d'entrer dans cette discussion, ceux qui, en aucun cas, ne sont susceptibles d'indulgence, même de la part du moraliste le plus relâché, et que la conscience publique réprouve sans nulle hésitation. Tels sont les mensonges au détriment d'autrui, de sa réputation, de son honneur, de ses biens, mensonges flétris des noms d'improbité, de fourberie, de vol, de perfidie, de diffamation, de calomnie; tels sont aussi les mensonges à notre profit. Ce n'est pas parmi ceux-là que nous trouverons des exceptions justifiées à la règle de ne pas mentir; mais peut-être il n'en est pas toujours de même des mensonges dont l'objet est de servir et non de nuire, de servir autrui et non pas nous-même.

N'hésitons pas à faire parmi ceux-là une place d'honneur à ces rares mensonges que j'appellerai héroïques, dont le but est de sauver la vie d'autrui, même aux dépens de la sienne. Non seulement ils échappent à tout blâme, en dépit des scrupules de quelques théologiens ou philosophes rigides à l'excès, mais ils font la juste admiration de tous les pays et de tous les âges. Nul ne peut hésiter, non seulement à les absoudre, mais à les mettre au-dessus de tous les éloges, sans s'exposer au reproche d'être insensible à ce qu'il y a de plus beau et de plus grand dans le monde, c'est-à-dire au dévouement. Ce sont des mensonges glorieux, des mensonges d'élite, *egregia mendacia* comme disent Cicéron et Tacite, ou encore des mensonges splendides, comme dit Horace d'Hypermnestre :

> Splendide mendax, et in omne virgo
> Nobilis ævum.

Qui n'applaudirait à Oreste se disant Pylade pour mourir à la place de son ami? ou à Nisus s'écriant pour sauver Euryale :

> « Me, me, adsum, qui feci, in me convertite ferrum,
> O Rutuli, mea fraus omnis; nihil iste nec ausus,
> Nec potuit.... »

Qui n'applaudirait aussi au magnanime mensonge de Sofronie pour sauver son peuple, et d'Olinde pour sauver Sofronie [1]?

Ces mensonges splendides qui honorent l'humanité ne se rencontrent pas seulement dans l'antiquité classique et dans les fictions des poètes, mais dans les temps modernes et dans la vie réelle. On en citerait plus d'un exemple non moins héroïque, quoique moins célèbre, dans les guerres civiles et dans notre révolution. A la barre des tribunaux révolutionnaires, il y

---

1. 2ᵉ chant de la *Jérusalem délivrée*.

eut des pères répondant pour le fils et des fils pour le père à l'appel des condamnés à mort.

Benjamin Constant, dans une brochure de 1797, intitulée *Réactions politiques*, avait attaqué, faisant allusion à Kant, la maxime absolue de ne jamais mentir. Kant lui a répondu par un opuscule sur un *Prétendu droit de punir par humanité*, où il soutient l'inflexibilité de la règle, même au cas du salut de la vie d'un ami. Rien de plus subtil, de plus embarrassé que son argumentation tout entière fondée sur le mal possible qu'on peut causer dans l'avenir pour avoir voulu empêcher un mal certain et présent. Opposons-lui Mme de Staël qui s'applaudit d'avoir pu sauver par plusieurs mensonges la vie du comte de Narbonne caché chez elle pendant la Révolution. « C'est la première fois, dit-elle, que se soit offerte à moi une circonstance dans laquelle deux devoirs luttaient l'un contre l'autre avec une égale force, mais je pense encore, comme il y a vingt-trois ans, que le danger présent de la victime devait l'emporter sur les dangers incertains de l'avenir. » Il n'y a pas, ajoute-t-elle, de bonheur plus grand dans tout le cours de l'existence que de sauver la vie d'un innocent [1]. On connaît l'éloquente protestation de Jacobi contre ce sec et impitoyable dogmatisme de Kant.

« Je mentirais, s'écrie-t-il, comme Desdemona mourante qui, pour sauver son époux, s'accuse de s'être tuée elle-même; je tromperais comme Oreste quand il veut mourir à la place de Pylade! »

Dans cette protestation contre l'inflexibilité de la loi, nous applaudissons avec Jacobi à ces deux mensonges héroïques, mais non à d'autres exemples qu'il y ajoute, comme celui de Timoléon assassinant son frère, ou même de Caton se déchirant les entrailles.

Nous pensons de ceux-là, avec Mme de Staël, qu'il y aurait lieu de s'inquiéter de cette morale [2]. Mais à ne considérer que les mensonges héroïques tels que nous les avons définis, il n'y a pas de raison d'avoir les mêmes scru-

---

1. *Considérations sur la Révolution française.* 3ᵉ partie, chap. XVIII.
2. *De l'Allemagne*, chap. sur Jacobi. « Je ne me sens pas assez de vertu, dit Chateaubriand dans les *Mémoires d'outre-tombe*, pour tuer mon frère. »

pules. De semblables mensonges deviendraient-ils la règle de tous dans ces cas extraordinaires, non seulement la société n'en souffrirait nulle atteinte, mais elle gagnerait en dignité et en grandeur. Ce sont des mensonges qui élèvent l'humanité, loin de la rabaisser.

S'il est des mensonges qui sont dignes de tout éloge, il en est d'autres qui échappent au blâme, en dépit de l'Alceste de Molière, soit parce qu'ils sont insignifiants et inoffensifs, soit parce qu'ils sont entrés dans les usages et les convenances, et qu'ils font en quelque sorte partie du code de la civilité puérile et honnête. Pour s'en affranchir il faudrait rompre en visière avec le genre humain. Tels sont les petits mensonges officieux qui s'échangent entre gens du monde dans toutes les rencontres, dans toutes les réunions, dans les salons et sur la place publique.

Je ne vois aucun mal dans ces petits mensonges, simples formules de politesse. Non seulement ils ne sont pas un mal, mais ils sont un bien, étant à peu près indispensables à l'harmonie sociale. Ce ne sont que des péchés véniels,

LA RÈGLE DE DIRE LA VÉRITÉ EST-ELLE ABSOLUE? 261

selon le cardinal Gousset, dans sa *Théologie morale*. Pour notre part, plus indulgent, nous n'hésitons pas à les absoudre tout à fait, pourvu toutefois qu'ils se contiennent dans les bornes ordinaires et ne soient pas suspects de flatterie.

L'adversaire le plus célèbre, le plus intraitable, de ces mensonges officieux, c'est Alceste, le misanthrope de Molière. Bien qu'il vive dans le monde et à la cour, il fait profession de n'en souffrir aucun; il ne supporte pas plus de les recevoir que de les donner, et il exige de tout homme honnête

> que ses sentiments
> Ne se masquent jamais sous de vains compliments.

Cela est fort beau sans doute et fort à désirer; mais c'est comme un idéal auquel il n'est pas facile d'atteindre. Hors de ces petites conventions de politesse, il est mal assurément de parler autrement qu'on ne pense et de trahir son âme, comme dit encore Alceste. Mais comment aussi ne pas convenir avec Philinte

> Qu'il est bien des côtés où la pure franchise
> Deviendrait ridicule et serait peu permise.

D'ailleurs, prenons Alceste lui-même à témoin de l'impossibilité de se soustraire à ces petits mensonges officieux, quelque culte qu'on professe pour la vérité pure et pour une franchise à toute épreuve. Ne le voyons-nous pas tout aussitôt se contredire lui-même dans la scène du sonnet? Il ne flatte pas, il est vrai, les mérites poétiques d'Oronte, mais ce n'est pas d'emblée, et sans quelque détour, qu'il en viendra à lui dire que son sonnet « est bon à mettre au cabinet ». Il le dira sans doute, mais à la fin, poussé à bout par l'insistance et par l'opiniâtre vanité du poète importun; encore, pour moins le blesser, il commence par prendre un biais et un détour qui n'est qu'un vrai mensonge. Comme Socrate, dans l'*Hippias*, il invente un personnage qu'il interpose entre Oronte et lui, et auquel il feint d'adresser les critiques qui vont droit à l'auteur du sonnet :

> Mais un jour, à quelqu'un, dont je tairai le nom,
> Je disais....

Oronte cependant, qui n'est qu'à moitié dupe de cette trop transparente fiction, le presse de s'expliquer plus clairement. Alceste voudrait-il dire que c'est lui Oronte qui ressemble à cette personne, que c'est lui qui écrit mal, lui qui a tort de faire des vers et dont le sonnet n'est pas sans défaut? Là-dessus, nouveaux petits mensonges d'Alceste qui répète jusqu'à trois fois : « Je ne dis pas cela », tandis qu'en réalité il ne dit pas autre chose. Lui donc aussi est obligé de pratiquer plus ou moins cette lâche méthode qu'il a si vivement flétrie, et de ne pas dire en face aux gens tout le mal qu'on pense d'eux et de leurs œuvres.

Ces félicitations banales, ces formules de politesse, ces compliments d'usage qu'on échange de vive voix ou par écrit, dans la conversation ou au bas d'une lettre, avec des indifférents, des étrangers ou même avec des gens dont on pense peu de bien, rentrent donc dans les convenances sociales; elles font partie du savoir-vivre, plutôt qu'elles ne relèvent de la morale. Pour qu'il y ait véritablement tromperie dans ces vains échanges de paroles complimenteuses, il faudrait que quelqu'un pût sérieusement s'y tromper. Or chacun sait parfaitement à quoi s'en tenir sur leur véritable valeur.

Qu'arriverait-il, d'ailleurs, dans la vie ordinaire, si les rapports entre les membres d'une même société n'étaient facilités et adoucis par tous ces petits mensonges officieux, si chacun disait en face à son prochain tout ce qu'il pense de lui, de sa conduite, de ses mœurs, de son caractère, de ses prétentions, de ses travers, de ses ridicules et même de ses vers, s'il n'y avait pas enfin quelque différence entre ce qu'on dit et ce qu'on pense? Que de vanités profondément blessées, que d'irritations réciproques, que de haines souvent irréconciliables, que de duels et de vendettas! Il serait prudent de ne sortir dans la rue qu'un revolver à la main. Je retourne ici contre lui-même le critérium de Kant; la vie en commun, la société ne serait plus possible; ce serait l'état de guerre continu, la guerre de tous contre tous. Pascal a bien dit : « L'union n'est fondée que sur cette mutuelle tromperie ». Sous une forme légère et comique, Labiche — qu'on me pardonne de le citer après Pascal — fait dire la même chose à un personnage du

Misanthrope et l'Auvergnat, une de ses pièces les plus spirituelles : « Si on se disait toujours la vérité, on passerait son temps à se dire des injures ».

Si je fais grâce aux mensonges officieux, c'est cependant à la condition qu'ils ne dépassent pas les bornes de ce qui est strictement requis par les convenances sociales. Pour ma part je voudrais une sorte de milieu entre les rudesses d'Alceste et l'amabilité excessive de Philinte. Je voudrais surtout que ces mensonges ne fussent qu'officieux, et nullement obséquieux, ce qui n'est pas la même chose. Gardons-nous qu'ils puissent être suspects de quelque arrière-pensée ou de quelque flatterie intéressée. Évitons le soupçon d'une expression hypocrite de sentiments d'approbation et de sympathie pour qui n'en est pas digne. En général, soyons aussi sobres que possible de protestations exagérées d'affection, de sympathie, de dévouement envers des indifférents et des inconnus.

Soyons-en encore plus sobres à l'égard de ceux que nous savons certainement en être indignes. Ne souriez pas trop à cet homme taré et déconsidéré; je ne vous dis pas de ne saluer absolument que des gens vertueux, mais ne prodiguez pas les salutations à ce riche aux richesses notoirement mal acquises; n'allez pas au-devant des embrassades de ce pied plat qui, au su de tous, comme dit Alceste,

Par de sales chemins s'est poussé dans le monde.

Ne pas donner la main à tout le monde est un vieux précepte de Pythagore cité par Plutarque dans son *Traité de l'éducation*.

Je sais bien que cette froideur, cette réserve à l'égard de personnages haut placés, riches, influents, n'est pas la meilleure manière de faire son chemin dans le monde. Peut-être dira-t-on de vous que vous êtes un original peu sociable, si l'on ne dit pas pire. Toutefois une réputation de loyauté et de franchise a bien aussi quelques avantages. Un simple compliment de votre part, une seule parole dite pèsera plus, en bien des circonstances, que les protestations de bon nombre de Philintes. Telles sont les réserves expresses sous lesquelles nous croyons devoir amnistier les mensonges officieux, et ne pas même, comme le cardinal Gousset, les ranger parmi les péchés véniels.

Il est encore une autre classe de petits mensonges, les mensonges pour rire, ou, comme les nomment quelques théologiens, les mensonges joyeux, dont il est bon de dire ici quelques mots, avant de passer à des sujets plus graves.

Quelque légers et inoffensifs qu'ils semblent, je n'aurai pas pour eux autant d'indulgence que pour les mensonges officieux. On ne peut, en effet, invoquer en leur faveur la moindre raison d'utilité et d'harmonie sociale. Mentir pour rire, ou pour faire rire, ou pour rendre son récit plus intéressant, faire des contes à plaisir, c'est mentir pour mentir, mentir pour son amusement et pour celui des autres, c'est s'accoutumer à se jouer de la vérité. Dans un de ses traités, Lucien met en scène deux de ces personnages qui se plaisent à mentir, qui mentent pour le seul plaisir de mentir et qui renchérissent les uns sur les autres en fait de faussetés, d'exagérations et d'hyperboles [1]. Tel est aussi, dans La

---

1. *L'Ami du mensonge.*

Fontaine, celui qui a vu un chou plus grand qu'une maison ; à quoi son compagnon réplique qu'il a vu un pot plus grand qu'une église [1]. Tout écart de la vérité doit répugner à une âme honnête, et ne peut s'excuser qu'en vue de quelque bien à faire ou de quelque mal à éviter. Il va sans dire que nous exceptons les fictions des auteurs, des poètes, des romanciers qui nous charment plus ou moins, mais qui ne trompent, ni ne prétendent tromper personne. Une fiction n'est pas un mensonge; souvent même, comme dit encore La Fontaine :

> Elle offre la vérité
> Sous les habits du mensonge.

Passons à des mensonges d'autre espèce, de plus grande conséquence, et où la limite est plus difficile à marquer entre ce qui est permis et ce qui ne l'est pas. Il est des mensonges, non pas héroïques, parce qu'il n'y va pas de sa propre vie, mais où il peut y aller, si l'on se refuse à les faire, de la réputation, de l'honneur et même de la vie des autres. Quand, et jusqu'à quel point

---

[1]. *Le Dépositaire infidèle.*

ces mensonges secourables, ces mensonges par humanité et par charité, peuvent-ils être licites? Combien les amis, les parents d'un accusé ne sont-ils pas tentés de ne pas dire aux juges la vérité qui le perdrait! Cependant devant un tribunal régulier, je ne dis pas devant un tribunal révolutionnaire ou devant des assassins érigés en juges, c'est un devoir de la dire et de la dire tout entière, quelles qu'en doivent être les conséquences. Sans doute il est bien dur de perdre par son témoignage celui qu'on voudrait sauver au prix des plus grands sacrifices, mais la conscience nous y oblige.

Quel plus bel exemple de ce douloureux devoir héroïquement accompli que celui de la noble Jeanie Deans dans *la Prison d'Édimbourg* de Walter Scott? Appelée comme témoin devant le tribunal qui juge sa sœur, d'un mot elle peut sauver sa vie. Ce mot que, de toutes parts, non seulement par l'avocat, mais par les juges eux-mêmes, elle est sollicitée de dire, ce mot qu'attend avec angoisse cette sœur chérie, et qu'implorent ses regards suppliants, ce mot qu'elle-même voudrait pouvoir dire, au prix des plus grands sacrifices, elle ne le dira pas, parce que c'est un mensonge et que sa foi morale et religieuse lui défend absolument de mentir. Mais, à part de violer la loi de Dieu, que ne fera-t-elle pas pour le salut de cette sœur? Seule à travers toutes les fatigues et tous les dangers, cette jeune paysanne écossaise ira d'Édimbourg à Londres, elle se jettera aux pieds de la reine et obtiendra la grâce, sans avoir menti.

Le devoir de dire la vérité devant les juges s'accroît encore par la solennité religieuse du serment. Le serment prêté ajoute au mensonge un caractère d'impiété et de sacrilège. « Serment auguste, dit Walter Scott à propos de cette déposition de Jeanie Deans, qui manque rarement de faire impression sur les hommes les plus corrompus et qui pénètre les plus justes d'une crainte respectueuse! » Ces paroles devraient être méditées par les législateurs étourdis qui ont voulu proscrire le serment par-devant Dieu comme une vaine ou superstitieuse formalité, et qui ne l'ont provisoirement conservé que faute de s'entendre sur ce qu'il faudrait mettre à sa place.

Il est bien beau aussi, d'autant plus beau que l'indulgence peut sembler acquise à de pareils mensonges, de ne pas consentir à mentir, non plus pour sauver les autres, mais pour sauver sa propre vie. Honneur à tous ceux qui, plutôt que de laisser tomber de leurs lèvres le mensonge qui les eût sauvés, plutôt que de renier leur foi religieuse ou politique, ont bravé la mort ou même le martyre ! Honneur à ces nobles femmes qui, pendant la Révolution, aimèrent mieux se livrer au bourreau que de déclarer faussement qu'elles étaient enceintes [1] !

Laissons ces circonstances dramatiques et ces suprêmes épreuves pour passer à des cas qui se présentent plus souvent dans la vie ordinaire. Si celui qui n'a menti que pour faire quelque bien à autrui ne se sent pas la conscience à l'abri de tout reproche, combien doit se juger coupable celui qui a menti pour faire le mal et pour nuire, qui a porté préjudice à la réputation, à l'honneur, ou même à la fortune et à l'avancement d'autrui, dans les plus

---

1. Telle la princesse de Monaco, née de Stainville.

modestes comme dans les plus hautes conditions, par de faux bruits et des calomnies ! J'en trouve un exemple dans les *Confessions* de Rousseau, où il raconte qu'il a eu toute sa vie le plus cuisant remords d'un mensonge qu'il avait fait, à quinze ou seize ans, au préjudice « de la pauvre Marion[1] ». Ce remords nous semble une bien juste expiation d'une faute insigne. Je ne pense pas qu'un mensonge en sens contraire, dont il se vante fort, puisse faire compensation à celui-là, quoiqu'il soit cependant plutôt digne d'éloge que de blâme. Il se loue, en effet, non sans quelque emphase, d'avoir menti en s'accusant d'être lui-même l'auteur d'un accident dont il avait failli être victime par l'imprudence de son camarade Fazy. Rousseau semble croire qu'il a fait quelque chose d'aussi héroïque que Desdemona, que Pylade ou Nisus, alors qu'il n'a couru risque que de quelque gronderie à son retour au logis. Il cite même en son

---

1. C'était une servante à peu près du même âge que lui, qu'il accusa du vol d'un mouchoir qu'il avait commis lui-même. En vain la pauvre fille en pleurs le supplia de dire la vérité : il persévéra opiniâtrément dans son mensonge, et Marion fut mise à la porte de la maison.

honneur ces deux vers de la *Jérusalem délivrée*[1] où Tasse célèbre le double mensonge de Sofronie et d'Olinde, et dont il semble que Jacobi se soit inspiré dans son éloquente apologie des mensonges héroïques :

> Magnanima menzogna ! or quando è il vero
> Si bello, che si possa a te preporre !

« Magnanime mensonge ! quand le vrai est si beau qu'il puisse t'être préféré ! »

---

[1]. 2ᵉ chant, épisode d'Olinde et de Sofronie.

II

DOIT-ON LE DIRE?

De la sincérité dans les renseignements demandés. — Distinction des cas et des personnes. — A quoi est tenu un fonctionnaire public. — A quoi un simple particulier. — Des cas où la vérité à dire serait nuisible. — Règles à suivre. — Tenir compte de l'importance et de la gravité des faits à révéler. — Mettre en balance le mal qu'on peut faire aux uns ou aux autres en parlant ou en se taisant. — Telle vérité imprudemment dite équivaudra à une dénonciation et à une perfidie. — Des mensonges dans les négociations matrimoniales. — Les fausses promesses de mariage. — Les médecins et le mensonge. — Du secret professionnel. — Mensonges au lit des malades. — Des cas où le médecin doit la vérité. — Les avocats et le mensonge. — Penchant à se faire illusion sur la bonté de leurs causes et à mentir dans l'intérêt de leurs clients. — Nul ne doit défendre celui qu'il sait coupable. — Exception pour l'avocat d'office. — La police et le mensonge. — Les espions à la guerre. — Perfidies héroïques. — Mensonges excusables pour la défense de la société et de la patrie.

La vérité est-elle toujours due? C'est une question que Rousseau discute avec beaucoup de pénétration et de sagacité dans sa quatrième *Promenade d'un solitaire*, où il traite du mensonge. Suivant lui, toutes les vérités particulières ne sont pas bonnes à dire; quelques-unes sont indifférentes, quelques autres peuvent être nuisibles. Mais qui sera juge de la convenance de les dire ou ne les pas dire en chaque occasion? L'avantage de l'un fait le préjudice de l'autre; l'intérêt particulier est en opposition avec l'intérêt public; enfin, indépendamment du préjudice fait aux autres, il y a aussi ce qu'on se doit à soi-même. Voilà bien des questions délicates, des cas embarrassants que nous examinerons tels qu'ils se présentent dans bien des circonstances de la vie commune, où il y a conflit entre le devoir d'être sincère et celui de ne pas nuire. Nous ne nous flattons pas de les résoudre par des règles fixes et absolues; nous en appellerons à l'instinct moral encore plus qu'à une savante casuistique.

Les renseignements demandés sur les personnes sont un des cas les plus fréquents qui mettent à l'épreuve les consciences les plus délicates. Il est fait appel à notre bonne foi; nous sommes consultés sur les faits, quelquefois les plus graves, sur des faits qu'on sait devoir être à notre connaissance. Il s'agit de renseignements sur les antécédents, sur la moralité, sur la capacité de tel ou tel individu dont vous n'avez que du mal à dire, si vous parlez sincèrement ; faut-il le dire, faut-il le déguiser ? Il y a lieu, croyons-nous, de faire des distinctions ; suivant les cas et les personnes, la règle à suivre, la conduite à tenir ne saurait être partout la même.

D'abord je distinguerai les fonctionnaires publics et les simples particuliers. C'est le devoir de tout chef hiérarchique, directeur, chef de division, préfet, chef de service, inspecteur de tout ordre, de dire la vérité entière à l'autorité supérieure sur leurs subordonnés. Bonne ou mauvaise, avantageuse ou nuisible, dût-elle entraîner une disgrâce, ils la doivent en tout ce qui concerne l'ordre et le bien du service public qui leur est confié. Sont-ils incapables, négligents, indélicats, leurs rapports doivent le dire en toute sincérité.

Il n'en est pas de même à l'égard des simples particuliers ; pour eux, la règle ne peut être aussi absolue. Doit-on le dire, suivant le titre même d'une pièce qui a eu un certain succès, doit-on ne pas le dire? C'est une question qui peut légitimement s'agiter dans la conscience de plus d'un de ceux qui, comme souvent il arrive, sont priés de faire connaître ce qu'ils savent sur le compte de telle ou telle personne. La vérité entière est-elle due, non seulement au juge qui interroge au nom de la loi, ou à un chef hiérarchique au nom de l'intérêt public, mais à un particulier qui, en son propre nom, et pour son intérêt privé, vous demande des renseignements sur les personnes et les choses.

Quand il n'y a que du bien à dire, la difficulté n'est pas grande; d'ordinaire on s'empresse de le dire; le cacher serait de la malveillance. Quelquefois même, par bonté d'âme ou par sympathie, certaines personnes amplifient le bien et dépassent la mesure, ce qui est encore du mensonge à un certain degré, mais un mensonge par excès de bienveillance. Est-ce le mal au contraire qui est la vérité? Votre témoignage sincère peut-il perdre quelqu'un, ou même gravement lui nuire? Il est permis d'avoir des doutes, d'hésiter sur la réponse à faire et sur le degré de sincérité qu'on y mettra.

Je prends des faits qui se présentent tous les jours dans la vie commune. On vient demander des renseignements à une maîtresse de maison, à un patron, à un chef d'usine sur un domestique ou un ouvrier qui ont été à leur service, qui les ont quittés pour se placer ailleurs, ou qu'ils ont congédiés. Si vous les avez congédiés, vous ne l'avez pas fait, je suppose, pour un maigre sujet, comme dit Chrysale se plaignant à Philaminte du renvoi de Martine : vous avez eu de bonnes raisons. Ces raisons, les direz-vous, sans nulle atténuation, sans nul déguisement? Si vous les dites, ce domestique, cet ouvrier risquent de ne plus trouver nulle part à se placer; vous les condamnez à mourir de faim ou à devenir des malfaiteurs. Pour vous tirer d'embarras, refuserez-vous de répondre? ils n'y gagneront rien, votre refus même sera peut-être interprété comme le pire des renseignements. En vous taisant, vous aurez dit contre eux plus qu'il n'y avait à dire. Que faire donc dans cette impossibilité absolue de ne pas nuire, soit en parlant, soit en gardant le silence?

Rien, à ce qu'il me semble, d'absolu ne saurait être prescrit pour se guider sûrement entre ces deux écueils, et pour tirer d'embarras des consciences justement hésitantes. Plusieurs choses sont à peser et à considérer. Je conseille de mettre dans la balance, d'une part, le mal qu'on peut faire à celui sur qui vous direz la vérité tout entière, et, de l'autre, le mal qui peut résulter, en ne le disant pas, pour celui qui vous le demande. S'agit-il de fautes non habituelles, de fautes légères ou qui laissent l'espoir d'un amendement, par exemple de négligence, de petites indélicatesses, d'un manque de respect, d'un moment d'emportement, mon avis serait de n'en rien dire. Ce sont des fautes qui n'ont qu'une gravité relative et qui, grâce à la leçon reçue, peuvent ne pas se renouveler sous des maîtres nouveaux. J'en dirai même autant de fautes plus graves, mais qui n'excluent pas la possibilité d'un retour au bien. Voici une pauvre fille séduite, devenue mère, mais dont la faute n'est connue que de vous. Quelle responsabilité à prendre que celle de la déshonorer, de la perdre à tout jamais, avec les perspectives du suicide, de l'infanticide ou de la prostitution!

Il y a lieu sans doute aussi de faire entrer en ligne de compte l'intérêt, la sûreté même de cette famille ou de cet industriel qui, sur la foi de vos renseignements incomplets ou mensongers, va prendre à son service ce mauvais et infidèle serviteur, cet ouvrier fauteur de désordre et de grève. Je sais bien que ceux qui font l'enquête doivent en général rabattre prudemment quelque chose des renseignements favorables que vous leur donnez et chercher à les contrôler, s'il se peut, par d'autres témoignages. Mais si l'individu que vous avez renvoyé de chez vous, vous est connu comme pervers et dangereux, comme capable des plus mauvaises actions, vous ne pouvez pas, en conscience, ni par écrit ni en paroles, lui délivrer un certificat de bonnes vie et mœurs. Quel remords pour vous d'avoir introduit dans une maison, sur la foi de vos faux renseignements, un voleur, peut-être même un assassin!

Ajoutons qu'il est toujours permis d'éluder

quelque peu les questions, ou même d'abuser par quelque fable celui qui vous interroge par simple curiosité ou pour donner matière à ses commérages, un bavard, un indiscret, ou même un reporter. En général, toute vérité n'est pas bonne à dire; bien des fois une vérité échappée par imprudence ou par légèreté a pu équivaloir à une lâche dénonciation et à une perfidie.

Nulle part une entière sincérité ne serait plus justement requise que dans les négociations matrimoniales, et nulle part peut-être elle n'est moins scrupuleusement observée. Le caractère des personnes, la position sociale, la fortune actuelle ou future, les espérances, comme on dit, les chances d'avancement ou d'héritage sont, de part et d'autre, l'objet de dissimulations ou d'exagérations de toute espèce. Les personnes du monde qui mentent volontiers plus ou moins pour faire réussir un mariage, se rendent-elles bien compte de la responsabilité qu'elles encourent? Que de tristes déceptions peuvent être la suite de ce qu'elles ont caché ou faussement avancé! Plus tard, que de froideurs, que de récriminations entre les deux familles et aussi entre les époux!

Parmi les pires mensonges plaçons les promesses fallacieuses de mariage pour satisfaire une passion qui, une fois la passion satisfaite, sont oubliées, sans nul souci de ce que deviendra la femme abusée. Brutale sensualité, lâche perfidie, insensibilité et cruauté, il y a tout cela dans les mensonges de tant de débauchés, jeunes et vieux, sans cœur et sans honte.

S'il est impossible d'être trop sévère à l'égard du mensonge qui abuse une jeune fille jusquelà innocente, je serai moins sévère, sans nullement les approuver, pour les mensonges d'amour dans les intrigues entre des femmes du monde coquettes et corrompues, entre des comédiennes et les amants plus ou moins naïfs qu'elles traînent à leur char. Là du moins nulle innocente n'est abusée, et d'ordinaire il n'est pas question de mariage. M. Bourget nous a dépeint avec des couleurs vives, et même un peu crues, ces mensonges de sentiment entre amoureux et amoureuses de cette catégorie. C'est un tableau de mœurs qui n'a rien d'édifiant, mais où du moins l'on ne voit pas de jeunes filles innocentes séduites et abusées [1].

Il y a aussi des mensonges professionnels, c'est-à-dire des mensonges auxquels on est plus ou moins sujet dans certaines professions. Il est bien difficile de s'empêcher absolument de mentir quand on est médecin, ou avocat, ou même journaliste. Que de vérités à ne pas dire, que de mensonges difficiles à éviter, mensonges presque obligatoires pour un médecin; que de fréquents conflits doivent s'élever dans sa conscience entre son devoir d'homme et son devoir de médecin! Bien des questions complexes et délicates se présentent à lui dans lesquelles interviennent, et sont aux prises, l'intérêt des clients, l'intérêt de l'ordre social et de la justice, les prescriptions de la loi et la conscience professionnelle. Je n'ai ni l'intention, ni l'expérience nécessaire pour entrer dans le détail de ces questions; je renvoie aux ouvrages spéciaux où elles ont été traitées, et particulièrement à celui de M. Brouardel, non moins

---

1. *Les Mensonges.*

bon moraliste, à ce qu'il m'a semblé, que grand médecin ¹. Je me bornerai à quelques-unes des circonstances les plus ordinaires où un médecin consciencieux peut hésiter à dire le vrai ou le faux, à parler ou à se taire.

Le médecin est une sorte de confesseur, non au point de vue des infirmités morales, mais à celui des infirmités physiques, qu'il ne doit pas plus révéler que le prêtre les péchés qu'un pénitent lui a confiés. Telle est la règle, mais elle peut être difficile à suivre dans tous les cas; elle peut même souffrir quelques exceptions.

Le médecin sait le fort et le faible des personnes de sa clientèle; il sait le mal dont celui-ci ou celle-là sont atteints, ou même seulement menacés; il a le secret de plus d'une infirmité cachée, de quelque tare, physique ou mentale, personnelle ou héréditaire. Or voici des membres d'une famille amie, et dont il a toute la confiance, qui, à la veille d'un mariage, viennent le consulter sur la santé du jeune homme ou de la jeune fille. Y a-t-il quelque vice orga-

1. *Le Secret médical*, in-18, 1888.

nique, quelques inquiétudes à avoir du côté de la poitrine ou du cœur, quelque mal secret et contagieux? Le médecin sait tout cela; il sait même que l'un ou l'autre est menacé d'une fin à court terme. Que fera-t-il? Quelle sera sa réponse? Comment ne pas nuire à l'une des deux familles, soit en disant ce qui est, soit en disant ce qui n'est pas?

Il est vrai qu'il peut ne rien répondre et se retrancher derrière le secret professionnel; mais son silence, son silence obstiné, ne sera-t-il pas susceptible d'une mauvaise interprétation, et ne donnera-t-il pas lieu de soupçonner le pire? S'il n'avait rien que de bon à dire, ne le dirait-il pas? S'il se tait, c'est qu'il y a quelque chose à cacher. Pour qu'il puisse invoquer le secret professionnel, sans donner lieu à aucune supposition fâcheuse, il faudrait qu'il eût la réputation bien établie de s'être constamment refusé à répondre à toute question de ce genre, même quand il n'aurait eu que du bien à dire, même quand son témoignage sincère aurait été de la plus haute importance pour l'avenir et la fortune d'un client et d'un ami.

Ne jamais ouvrir la bouche en de pareilles circonstances, pas plus pour dire le bien que pour dire le mal, tel est en effet le conseil que donne M. Brouardel, conseil sage, mais bien difficile à suivre, et que peu de médecins sans doute ont suivi à la rigueur en toute occasion.

Il y a des cas où le secret professionnel n'existe pas. Il n'existe pas, par exemple, pour le médecin d'une Compagnie d'assurances sur la vie; celui-ci est tenu de déclarer à la Compagnie les chances probables de vie plus ou moins longue des clients qui se présentent pour traiter avec elle. Le médecin militaire d'un conseil de revision n'y est pas, je crois, tenu davantage.

Combien de mensonges tout médecin ne fait-il pas, et combien ne faut-il pas lui en pardonner, au nom de l'humanité et de la pitié, auprès du lit des malades!

Quel moraliste, quel disciple de Kant aura le cœur de le condamner s'il donne des espérances, alors qu'il n'y en a plus, à ce moribond qui l'interroge anxieusement de ses derniers regards, ou à sa famille éplorée, à sa femme et à ses enfants? Restera-t-il obstinément muet, ou, ce qui reviendrait au même, leur dira-t-il que tout est fini? Ne devra-t-il pas dissimuler la terrible vérité? Toutefois il est peut-être certaines circonstances d'ordre public et d'ordre privé où ce serait un devoir de ne pas la cacher à qui de droit, ou même au malade qui la demande avec instance et avec une sincérité non suspecte, pour mettre ordre à ses affaires de famille ou aux affaires de sa conscience. Il la devra peut-être encore à un roi mourant ou à son héritier, à un premier ministre responsable, pour des raisons d'État, pour des mesures urgentes à prendre en prévision d'un changement de règne. C'est un cas qui a dû se poser à la conscience des médecins anglais ou allemands auprès du lit de mort de l'empereur d'Allemagne Frédéric III.

Où le médecin est tenu absolument à dire la vérité, c'est dans les expertises judiciaires qui lui sont confiées et devant les tribunaux. A-t-il, par exemple, aperçu dans ses analyses quelques traces de poison, il doit le déclarer, quand même son témoignage devrait certainement entraîner une condamnation à mort.

Si un médecin est par état exposé à mentir, combien plus encore un avocat, sans avoir les mêmes excuses, et dans des cas généralement moins perplexes et moins difficiles. Il semble même qu'en faveur des avocats il y ait une sorte de privilège de soutenir le pour et le contre, le juste et l'injuste, les mauvaises comme les bonnes causes, c'est-à-dire un droit de mentir. En vain tel ou tel qui occupe un rang considérable dans le barreau, a-t-il été cent fois convaincu de mensonge et de mauvaise foi dans ses plaidoiries, il n'en porte pas moins la tête haute, et même jouit de la considération du public et de ses confrères, s'il a bien menti, s'il a fait absoudre de grands coupables; quelques-uns même diront qu'il est l'honneur du barreau.

Je ne prétends pas que tous les avocats aient toujours le mensonge à la bouche, et surtout avec la pleine conscience de l'iniquité de la cause qu'ils défendent. Il en est sans doute qui gardent des scrupules; il en est qui ne prennent une cause qu'assurés du bon droit de leurs clients et dont le nom seul recommande auprès des juges celui dont ils ont accepté la défense. Mais je ne crois pas calomnier l'ordre des avocats si je suppose qu'ils ne sont peut-être pas les plus nombreux. Combien, même des plus renommés, qui s'empressent de mettre leur éloquence au service des plus grands criminels, qui vont au-devant des plus mauvaises causes devant les tribunaux civils, comme à la cour d'assises, pourvu qu'elles soient retentissantes et surtout lucratives!

Plus dignes d'indulgence seraient peut-être de jeunes avocats qui débutent et qui ont un nom et une clientèle à se faire. Il leur faut plus de conscience et de courage pour ne pas accepter, sans trop s'enquérir où est le droit, la première cause qui se présente, et dont ils ont besoin pour vivre ou pour se faire connaître. J'accorde d'ailleurs que le droit peut être douteux en certains cas, qu'il y a des textes de loi, des clauses de contrat et de testament qui sont susceptibles de plusieurs interprétations, et où des avocats peuvent plaider l'un contre l'autre avec une égale bonne foi. Mais trop souvent il arrive que, si l'un est sincère, l'autre ne l'est pas, quand ce ne sont pas tous les deux en même temps.

Il faut bien admettre aussi qu'il y a des degrés dans la mauvaise foi des uns et des autres, que tous à la barre n'ont pas également conscience qu'ils soutiennent le faux et l'injuste, qu'ils ont cherché à se faire illusion, qu'ils ont considéré la cause par le côté qui leur convient et d'une manière exclusive. Ajoutez l'excitation de la lutte et des plaidoiries; ils se grisent, pour ainsi dire, de leur parole; ils se font une conscience d'audience, conscience momentanée, qui s'évanouira avec la plaidoirie elle-même et au sortir de la salle du tribunal.

A l'égard de ces menteurs en robes et en rabats, même les plus connus comme tels, je m'étonne de l'indulgence, non pas de confrères qui la plupart en ont plus ou moins besoin pour eux-mêmes, mais des magistrats, des jurés et de l'opinion publique. Ce n'est pas cependant un vain jeu que ces mensonges d'audience si fréquents dans la bouche des avocats; ce n'est pas une simple lutte oratoire, un vain assaut de paroles. Il y va de la fortune et de l'honneur des familles, de la condamnation des innocents, de l'impunité des coupables; il y va de la justice elle-même. Donc, en aucun cas, sauf un seul, dont nous allons parler, nous ne concédons à un avocat, malgré son diplôme et sa robe, le droit d'ouvrir la bouche par-devant un tribunal pour dire un mensonge. Rien ne l'oblige à plaider une cause qui lui semble mauvaise; son devoir est de s'abstenir.

Je ne pense pas qu'il faille faire aucune exception en faveur de la justice criminelle, bien que là il s'agisse, non pas de faire gagner les uns au détriment des autres, mais de sauver un coupable de la prison ou de l'échafaud. Sous prétexte, comme on dit, que cela ne fait tort à personne, quelques-uns se persuadent que l'avocat de cour d'assises a le droit de mettre en œuvre tous les mensonges pour tromper, pour attendrir le jury et pour lui arracher un verdict d'acquittement. Est-ce donc ne faire tort à personne que de porter préjudice à tous, à la société tout entière, par l'impunité d'un assassin, par l'encouragement donné à ceux qui seraient tentés de suivre son exemple?

Tout à l'heure j'étais plus indulgent que le cardinal Gousset à l'égard des mensonges officieux; ici je crois devoir être plus sévère que lui. Il admet en effet qu'un avocat en matière criminelle peut prendre la défense d'un accusé qu'il sait certainement être coupable, par cette mauvaise raison, que nous venons à l'avance de réfuter, qu'il ne fait tort à personne. Sans doute nul, quel que soit son crime, et quelques preuves accablantes qui pèsent sur lui, ne doit être condamné sans avoir été défendu; mais la loi y a pourvu par la désignation d'un avocat d'office.

L'avocat d'office, voilà le seul auquel il soit permis de mentir. Ce n'est pas volontairement qu'il a choisi la cause qu'il défend; il remplit une mission dont il est chargé au nom de la loi; il se trouve momentanément investi du droit de tout dire pour faire paraître innocent, ou moins coupable, son triste client, pour donner le change, s'il le peut, aux juges et aux jurés par tous les artifices de sa dialectique, par tous les mouvements passionnés de sa rhétorique déclamatoire. C'est à ceux qui l'écoutent, et qui sont bien prévenus à l'avance, de ne pas se laisser prendre par cette plaidoirie d'office.

Ce n'est pas seulement à ce rôle d'avocat d'office, mais à certaines fonctions que, dans l'intérêt de l'ordre social, dans l'intérêt même de la vérité et de la justice, il paraît indispensable d'accorder quelque tolérance en fait de mensonge. Je crois que, dans une certaine mesure, elle doit être accordée à un juge d'instruction pour arracher des aveux à un coupable, pour amener à se contredire et à se dévoiler les rusés coquins qu'il interroge. Comment les confondre, s'il n'use lui-même d'adresse et de ruse? Toutefois le magistrat a une dignité à garder qui ne lui permet pas de tendre à l'accusé certains pièges, de lui faire de fausses promesses [1]. Je ne puis admettre sans restriction un adage espagnol cité par Bacon, *dic mendacium et erues veritatem*.

Une tolérance plus grande doit être accor-

---

[1]. La cour de cassation en a jugé ainsi dans une affaire récente qui a eu un grand retentissement.

dée à la police et à ses agents, qui n'ont pas la même dignité à garder. L'agent de police n'a-t-il pas, comme l'avocat d'office, sans vouloir les comparer, un mandat officiel, non pas, il est vrai, de défendre, mais tout au contraire de poursuivre, de découvrir, de saisir les voleurs et les assassins, ou de déjouer les complots contre l'ordre public? Comment accomplira-t-il ce mandat, sinon à la condition de déguiser sa personne et son langage, c'est-à-dire de mentir et de tromper? Quel criminel, voleur ou assassin, surprendra-t-il, s'il se donne pour ce qu'il est? Interdisez tout mensonge à la police, et il n'y a plus de police, plus de sécurité sociale.

Cette même immunité qu'il est bien difficile de refuser aux agents de police, je l'étendrais aux espions d'une armée en campagne, à ceux qui accomplissent une mission du chef d'armée, surtout s'ils risquent leur vie par dévouement patriotique, et non par l'appât d'un gain. Il faut des espions pour prévenir ou pour préparer des surprises, pour faire connaître la force, la position, les mouvements de l'armée ennemie, pour pénétrer et déjouer les projets de l'adversaire, pour ne pas aller au hasard. Ils servent donc leur patrie, et ils la servent au risque de leur vie. Je n'ai pu m'empêcher de quelque sympathie pour cet officier prussien qui, au début de la guerre, fut fusillé comme espion au Champ de Mars, bien que ce fût la loi militaire et que nos ennemis en aient largement usé.

Quand j'expliquais le deuxième livre de l'*Énéide* au collège, rien, mon professeur aidant, ne me paraissait plus odieux que le perfide Sinon. J'avoue qu'aujourd'hui Sinon ne m'inspire plus la même répulsion; il ne trahit pas sa patrie : tout au contraire, il se dévoue pour elle; ce n'est pas un Troyen, c'est un Grec qui brave la mort pour la perte de Troie et pour le triomphe de la Grèce :

.... In utrumque paratus,
Seu versare dolos, seu certæ occumbere morti.

Je ne méprise pas non plus l'héroïque perfidie de Zopire, ce général de Darius qui, selon Hérodote, après s'être cruellement mutilé lui-même, se présente aux Babyloniens comme une victime du roi de Perse qui les assiège et dont il veut se venger. Je plains les Babyloniens trompés qui lui donnent le commandement de la ville, dont il ouvre les portes à Darius; mais j'admire le dévouement de Zopire. Que d'espions volontaires dans nos guerres modernes ont servi la patrie au péril de leurs jours et sont morts comme des héros, mais sans gloire, pour procurer un renseignement utile aux chefs de nos soldats! Les déguisements dont ils se sont servis, leurs ruses, leurs mensonges sont ennoblis par le sacrifice de leur vie et par un service rendu à leur pays.

M. Rousset, dans sa belle histoire de la conquête de l'Algérie, raconte qu'un Arabe s'offrit volontairement pour servir de guide à une colonne qui menaçait sa tribu. Afin de donner aux siens le temps d'échapper, il l'égara dans des défilés, où, après bien des marches et des heures perdues, elle se trouva ramenée au point d'où elle était partie. Le guide, comme il s'y attendait, eut la cervelle brûlée, mais sa tribu était sauvée. Comment le flétrir et l'accuser de trahison? Nous sommes de l'avis de

M. Rousset : « Cet homme qui avait fait le sacrifice de sa vie est un héros ». Condamnerons-nous ces officiers qui, sur un ordre de leur chef, et par la plus périlleuse des missions, ont pris le costume et la langue de l'ennemi pour pénétrer dans son camp et s'assurer de ses forces et de ses projets? Tel Sertorius pénétrant dans le camp des Teutons ; tel voyons-nous dans l'histoire d'Angleterre un roi qui n'a pas cru s'abaisser en remplissant lui-même le rôle d'espion, Alfred le Grand, qui se déguisa en ménestrel pour épier ce qui se passait dans le camp des Danois. Condamner d'une manière absolue l'espionnage à la guerre, autant vaudrait condamner comme perfides une poudre sans fumée ou un fusil qui partirait sans bruit. Concluons qu'il y a des mensonges excusables, quelquefois même héroïques, pour la protection de la société et pour la défense de la patrie [1].

---

[1]. Telles sont aussi les conclusions de savants et intéressants articles sur l'espionnage par M. Numa de Chilly, dans le *Correspondant* du 25 août et du 10 septembre 1888.

III

DE LA BONNE FOI DANS LES AFFAIRES
ET DANS LA PRESSE

Règle absolue de toutes les transactions commerciales. — Degrés divers dans la mauvaise foi. — Tromperie par réticence. — Le marchand de blé d'Alexandrie et les Rhodiens. — A quoi ce marchand de blé était-il tenu? — Deux philosophes stoïciens mis aux prises par Cicéron. — Opinion de Marmontel. — Le premier des Rothschild et la nouvelle de la bataille de Waterloo. — Tromperies de la part des acheteurs. — Progrès de la fraude depuis les *Offices* et Pythias, le banquier de Syracuse. — Les mensonges ministériels. — Les mensonges dans la presse. — Mensonge continu de l'esprit de parti. — Mensonges même sur les questions de fait et de nombre. — Nouvelles fausses. — Nouvelles vraies dissimulées ou inexactement reproduites. — Un journal pour et contre. — La fable du Satyre et du Passant soufflant le chaud et le froid.

Le mensonge, nous l'avons dit, est toujours condamnable et digne de tous les mépris, sans nulle distinction casuistique, quand il a lieu à notre propre avantage et au détriment d'autrui. La fourbe, nom général qu'on peut donner aux mensonges de cette classe, est ce qu'il y a de pire dans la société des hommes. La Fontaine a eu raison de dire :

> Des malheurs qui sont sortis
> De la boîte de Pandore,
> Celui qu'à meilleur droit tout l'univers abhorre,
> C'est la fourbe, à mon avis [1].

Tels sont les mensonges trop fréquents parmi les hommes ou les faiseurs d'affaires, les commerçants, les marchands, les vendeurs et acheteurs de toute espèce, depuis le marchand des quatre saisons jusqu'à l'agent de change, au banquier ou au directeur d'une grande compagnie. Ces mensonges sont synonymes du vol ou de la fraude, sur une plus ou moins grande échelle, et plus ou moins dissimulés ou à découvert. Quelques-uns mènent directement leurs auteurs en police correctionnelle, et sont flétris par la loi, ou même par les considérants de tel ou tel acquittement; mais il en est d'autres, plus perfides, plus subtils, et d'autant plus dangereux, qui font encore plus de victimes, et qui néanmoins échappent aux prises de la

---

[1]. *L'Aigle, la Laie et la Chatte.*

justice. L'opinion publique les condamne, il est vrai, mais pas toujours avec une suffisante sévérité. Combien, dans le monde des affaires, de casuistes indulgents pour des indélicatesses dont ils tirent profit, ou qu'ils sont prêts à imiter!

Cependant aucun doute en saine morale ne peut exister sur la règle à suivre et dont nul, qu'il vende ou qu'il achète, ne doit s'écarter. Cette règle, il y a déjà bien des siècles, Cicéron, dans son livre des *Offices*, la proclamait au nom de la conscience universelle, dans toute sa rigueur et dans son éternelle vérité : « *Nec ut emat melius, nec ut vendat, quidquam simulabit aut dissimulabit vir bonus* (Ni pour mieux acheter, ni pour mieux vendre, un homme honnête ne dissimulera ou feindra quoi que ce soit) ». Telle est la loi qui doit présider à toutes les transactions commerciales, grandes ou petites, et qui devrait être affichée en lettres d'or dans tous les marchés du monde, depuis la Bourse jusqu'à la Halle.

Que nous sommes loin, sinon dans la théorie et dans les livres de morale, au moins dans la pratique, et même dans la pratique de ceux qui ne passent pas tout à fait pour des malhonnêtes gens, de cette stricte justice prescrite par Cicéron et exigée par la conscience, au défaut de la loi écrite! Toutes les fois qu'il s'agit de gagner quelque chose, peu ou beaucoup, aux dépens d'autrui, et même de s'enrichir de sa ruine, que d'hommes d'affaires peu scrupuleux et dont le principal souci est de ne pas tomber sous le coup des articles du code criminel, et de tourner la loi, quand ils n'osent la violer ouvertement!

Ici, comme partout, il y a des degrés dans la mauvaise foi et l'indélicatesse. Tel, en fait de déloyauté et de mensonge, a des scrupules jusqu'à un certain degré, qui n'en a plus au delà; tel en a sur un point qui n'en a pas sur un autre. Le romancier Dickens, chez qui l'on trouve des trésors d'observations morales, a mis en scène, dans *l'Ami commun*, un écumeur de la Tamise qui dépouille les morts retirés de l'eau, mais qui se ferait scrupule de prendre la moindre chose sur ceux qui respirent encore [1]. De même,

---

[1]. Son raisonnement est curieux et mérite d'être cité. Il est impossible, dit-il, de voler un mort. Est-ce qu'un mort a de l'argent? Est-ce qu'il en use? A quel monde est-ce

dans le monde des affaires, tel qui ne volerait pas un portefeuille, même bien garni, volera sans remords tout un peuple d'actionnaires trompés par des prospectus mensongers, par des promesses et des manœuvres frauduleuses. Tel encore qui n'aurait pas menti d'une manière positive, et en termes exprès, ne s'abstiendra pas de tromper par simple réticence, c'est-à-dire en taisant, en dissimulant ce qu'il importerait le plus à l'acheteur de savoir pour ne pas être dupe, qu'il s'agisse de titres de bourse, d'actions, de valeurs ou de marchandises quelconques.

Un des cas les plus spécieux de cette tromperie par simple réticence est l'exemple célèbre donné par Cicéron du marchand de blé d'Alexandrie. Ce marchand arrive le premier, avec sa cargaison de blé, d'Alexandrie à Rhodes, où il sait que le blé manque et qu'il y a disette. S'il

qu'appartiennent les morts? A l'autre monde, n'est-ce pas? Et l'argent, à celui-ci. Il ne peut donc pas être aux noyés. Un mort n'en a pas besoin; il n'en dépense pas, il n'en demande pas, il ne s'aperçoit pas qu'il lui en manque. Il ne faut pas confondre l'envers et l'endroit des choses, le juste et l'injuste. Après tout, c'est digne d'un lâche de voler les vivants.

est seul sur le marché, ou s'il laisse croire qu'il sera seul, quoiqu'il sache bien que d'autres vaisseaux chargés de blé le suivent de près, il vaudra cher, et il est assuré d'un gros bénéfice. En conscience que doit-il faire? Laissera-t-il ignorer leur approche aux Rhodiens, ou bien les en informera-t-il, sauf à ne vendre son blé qu'au prix ordinaire? Le cas peut paraître délicat à quelques-uns. Cicéron nous apprend que la question était controversée de son temps entre les philosophes; elle le serait sans doute encore aujourd'hui, sinon entre les philosophes, au moins entre les hommes d'affaires. Qu'elle soit soumise aux courtiers de Marseille ou de Paris, je ne doute pas que, malgré le progrès des lumières morales, elle ne soit immédiatement résolue, et à l'unanimité, en faveur du plus gros bénéfice à faire. Il n'y aurait pas chez eux deux avis, comme entre les deux philosophes de l'école stoïcienne que Cicéron met aux prises : l'un, Diogène de Babylone; l'autre, Antipater. Sont-ils bien tous les deux de vrais stoïciens? En tout cas, il en est un, Diogène de Babylone, qui ressemble plutôt à un des casuistes flétris par Pascal qu'à un vrai disciple de Zénon ; si c'est un stoïcien, c'est un stoïcien singulièrement dégénéré et relâché. Quant à Antipater, il représente bien la morale stoïcienne qui est celle de la droite raison. Le marchand d'Alexandrie, selon Diogène, n'est nullement tenu d'informer les Rhodiens de la prochaine arrivée d'autres vaisseaux chargés de blé. Il expose son blé sur le marché, il le vend au taux auquel la disette l'a fait monter ; il ne fait tort à personne. Suis-je donc coupable à votre égard parce que je ne vous dis pas tout ce que je sais, si je ne vous dis pas, par exemple, quelle est la nature des dieux, ce qui importe bien davantage que l'arrivage des blés dans le port?

Avec Antipater, avec Cicéron, avec la conscience morale, nous tenons pour l'avis contraire. Il n'est pas vrai que ce marchand ne fasse tort à personne ; il fait tort à tous les Rhodiens en leur vendant son blé, par l'ignorance où il les laisse à dessein, deux ou trois fois plus cher qu'il ne vaudra le lendemain. Il ne s'agit pas d'apprendre à l'acheteur tout ce qu'on sait, comme dit Diogène, ni sur la nature des dieux ni sur celle de l'homme, mais tout ce qu'il doit savoir pour ne pas être dupe, c'est-à-dire pour ne pas être volé.

Parmi les moralistes modernes, Marmontel a discuté le cas proposé par Cicéron et a soutenu l'avis de Diogène de Babylone. Ce marchand, selon Marmontel, n'était pas plus tenu d'informer les Rhodiens de l'arrivée des vaisseaux que les Rhodiens eux-mêmes de l'informer de la disette où ils se trouvent [1]. Le raisonnement, au premier abord, peut paraître spécieux, mais entre le marchand et les Rhodiens la parité n'existe pas. La disette est une circonstance dont le marchand ne doit pas profiter pour vendre son blé au-dessus de sa valeur, et les Rhodiens ne sont nullement tenus de lui en fournir le prétexte.

Voici au XIXe siècle un exemple analogue de tromperie par réticence qu'on peut rapprocher du cas imaginé par Cicéron. Il s'agit d'un grand coup de bourse auquel Nathan Mayer

---

1. *Traité de morale.*

Rothschild, de Londres, aurait dû son immense fortune. Il avait quitté l'Angleterre pour suivre de près les événements de la campagne de 1815 en Belgique. Parti le soir même en toute hâte du champ de bataille de Waterloo, après avoir, malgré une tempête, traversé la mer dans une barque au risque de sa vie, il arrive à Londres où aucun autre que lui ne connaît encore la nouvelle de la défaite de l'empereur. Il affecte l'abattement, comme s'il avait eu quelque information en sens contraire; il fait même ostensiblement vendre quelques fonds, tandis que, sous main, il a des agents qui font pour lui en secret d'énormes achats à la baisse. Grâce à ce coup de bourse, il réalise des millions aux dépens de tous les autres joueurs, que non seulement il n'a pas avertis de ce que lui seul savait, mais qu'il a trompés par son abattement simulé, et par les quelques ventes ostensibles qui dissimulaient sa grande et véritable opération [1].

Il peut y avoir également fraude et mensonge,

[1]. *Revue des Deux Mondes* du 15 juin 1888, article de Varigny sur les grandes fortunes en Angleterre.

quoique peut-être plus rarement, du côté des acheteurs, comme de celui des vendeurs. Il y a bien des exemples d'indélicatesse dans les achats comme dans les ventes. Acheter sciemment un objet à un prix fort au-dessous de sa valeur, c'est tromper comme si on le vendait au-dessus de ce qu'il vaut. Ce serait tromper, par exemple, que d'acheter au prix ordinaire un champ où l'on sait certainement, ce que le propriétaire ignore, qu'il y a une mine de charbon ou de métal, comme ce serait tromper d'acheter pour du cuivre et du verre ce que l'on saurait être de l'or et du diamant.

Il y a de nombreuses tromperies de la part de l'acheteur, comme du vendeur, surtout en fait d'objets d'art ou de choses rares, tels que des tableaux, des médailles, des livres, des meubles rares, des curiosités quelconques. Certains amateurs, fort honnêtes gens d'ailleurs, académiciens, bibliophiles, faiseurs de collections, ne se feront aucun scrupule d'abuser de l'ignorance d'un marchand pour acheter à vil prix un tableau de maître ou une édition rare. Non seulement ils ne s'en font pas scrupule, mais volontiers ils en tirent vanité, comme d'une preuve de leur habileté et de leur flair.

Hélas! que de progrès n'a pas faits, depuis Cicéron, cet art de mentir et de tromper! Sous quelles formes nouvelles et variées à l'infini, le fraudeur de nos jours ne sait-il pas se dissimuler pour faire un plus grand nombre de dupes, tout en échappant à la loi! Combien sont dépassés tous ces anciens fraudeurs du Forum, tous ces vendeurs de mauvaise foi qu'il flétrissait, au nom de la règle immuable de l'honnête, depuis celui qui vend, sans le dire, une maison infectée de serpents, jusqu'à ce Pythias, banquier à Syracuse, qui, par une ruse grossière, persuade au trop candide chevalier romain Cassius que tous les poissons qui se mangent dans Syracuse se prennent dans les eaux de sa villa, et qui la lui vend en conséquence! Ce Pythias ne serait qu'un fourbe bien vulgaire au temps d'aujourd'hui[1]. Quant aux Cassius, il s'en trouve de non moins candides qui se laissent prendre en masse, d'un même coup de filet, par des ban-

---

1. Voir dans les *Offices,* livre III, paragraphe 14, le piquant récit de la fraude imaginée par Pythias.

ques, des sociétés par actions, des coups de bourse, des jeux à la hausse ou à la baisse.

Une fausse nouvelle habilement répandue, une nouvelle vraie connue seulement de quelques spéculateurs privilégiés, par l'indiscrétion calculée et la connivence d'une personne haut placée, suffit à faire, en quelques instants, la fortune ou la ruine d'un grand nombre. Entre les fripons d'un côté, et de l'autre la multitude des dupes, un jeu se joue où les chances ne sont pas égales, et où les mensonges par simple réticence peuvent être aussi nuisibles que les mensonges formels en parole ou par écrit.

Les partis et les passions politiques n'enfantent pas moins de mensonges, de tromperies de tout genre, que l'amour du gain, comme on peut le voir par les ministres, les députés, les journalistes. Ce sont de vrais mensonges professionnels que la plupart des programmes ministériels et des professions de foi des candidats à la députation ou au sénat. Cette qualification de mensonges professionnels est une satire sans doute de nos mœurs politiques, mais une satire bien méritée. Passer en revue ces mensonges ou fausses promesses nous entraînerait beaucoup trop loin dans les détails de la politique du jour. Je ne m'arrête qu'à un mensonge général qui en enveloppe une foule d'autres. Ce mensonge consiste à promettre ce qu'on oubliera, ce qu'on ne tiendra certainement pas, ce qu'on ne voudra pas, ou ce qu'on ne pourra pas tenir, quand on sera ministre ou député. Les élections à peine terminées, ces mêmes députés qui viennent de donner cours, dans les comités, dans les assemblées électorales, à toute leur indignation contre ceux qui n'ont pas accompli, quoique ayant la majorité et le pouvoir, telle ou telle réforme qu'ils avaient promise, qui ont, disent-ils, trahi leur mandat : une fois arrivés eux-mêmes, s'appliquent à n'en pas faire davantage, et à esquiver tous leurs engagements.

Pourquoi ce président du conseil a-t-il pris la place de son prédécesseur? Il ne l'a renversé qu'en opposant sans cesse, et avec une violence toujours croissante, ce qu'on aurait dû faire et ce qu'on n'a pas fait, ceci ou cela. Or, la place une fois prise, il met toute son influence et toute son habileté à ne pas faire davantage ou à ne rien faire. Tout mensonge d'ailleurs leur est bon pour abuser la multitude et prendre la place de ceux qui ne valaient pas moins qu'eux, ou qui même valaient davantage.

Je passe aux journalistes. Quelle grande fabrique de mensonges et sans nul chômage, que le journalisme! Uniquement placé à un point de vue moral, je laisse la politique proprement dite de côté; je suppose qu'il y a, ou qu'il peut y avoir, de la bonne foi chez tous, chez les républicains, comme chez les royalistes, chez les radicaux, ou même les intransigeants, comme chez les opportunistes. Mais combien cette bonne foi s'égare, l'esprit de parti et la passion s'en mêlant! Quelles appréciations contradictoires sur les événements, les choses et les hommes! Que l'histoire contemporaine est différente, faite par celui-ci ou par celui-là! Il y a une sorte de mensonge continu, presque inconscient par l'habitude, inhérent à l'esprit de parti et dont je n'ai pas la naïveté de vouloir guérir la presse, d'autant que, dans cette mauvaise foi commune, il y a encore une sorte de bonne foi. Comment ne pas voir tous les objets de la couleur du verre qu'on s'est mis sur les yeux ?

Mais s'il n'est pas possible de ramener les partis à plus de modération, à plus d'équité dans la polémique, à un accord sur les principes et les questions politiques, peut-être pourrait-on au moins leur demander, dans leur intérêt à tous, la véracité, l'exactitude, la bonne foi dans de simples questions de fait qui sont du domaine, non des opinions, mais tout simplement des yeux et des oreilles. C'est là tout au moins qu'il devrait y avoir accord ; c'est là qu'il est difficile de ne pas encourir le reproche de mensonge volontaire. Or les journalistes ne sont pas plus d'accord sur le simple récit des faits qui se passent en public, aux yeux de tous, que dans la discussion des réformes à faire ou des mesures à prendre pour sauver la république. Voyez comment chaque journal rapporte à sa manière le même fait dont ses reporters ont été témoins, dans la rue, sur la place publique. Je prends l'exemple d'un attroupement, d'une manifestation quelconque. Je comprends les dissidences sur le but et la portée qu'ils peuvent avoir, mais non sur le fait lui-même, sur le nombre, sinon exact, au moins approximatif, des émeutiers ou des manifestants. Or, en cela même, les contradictions entre ceux de la gauche ou de la droite vont jusqu'au ridicule, si bien qu'il semble difficile de croire à la bonne foi des uns et des autres. Selon tel journal, la foule était immense; selon tel autre, il y avait peu de monde. Lequel dit la vérité? Très probablement ni l'un ni l'autre [1].

S'agit-il d'un discours prononcé à la Chambre par quelque orateur plus ou moins renommé? Je ne m'attends pas à ce que ses idées soient, de part et d'autre, équitablement appréciées; mais il y a un fait matériel, celui des marques d'approbation ou d'improbation, qui tombe également sous les yeux et les oreilles de tous les journalistes, et qui devrait se retrouver consigné de même façon dans leurs comptes

---

1. Pour prendre un exemple récent, les uns ont dit qu'il y avait 200 000 hommes à la manifestation Baudin, les autres 20 000 ou même 15 000 seulement.

rendus. Cependant, tandis que je lis chez les uns, entre parenthèses : applaudissements répétés, je lis chez les autres : nombreux murmures, ou même silence glacial. Il semble même encore que, les opinions à part, tous devraient rendre hommage au talent de l'orateur, s'il en a donné quelque preuve éclatante et incontestable. Or les uns vous diront que jamais il ne s'était élevé plus haut, les autres qu'il n'était jamais tombé si bas; les uns qu'il a été au-dessus, et les autres qu'il a été au-dessous de lui-même, etc. Que s'est-il passé à l'arrivée en telle ou telle ville du Président de la République ou de quelqu'un qui aspire à prendre sa place? Celui-ci n'a entendu que des sifflets, celui-là rien que des applaudissements.

Au moins ne devrait-il pas y avoir diverses manières de compter à l'usage de chaque parti; l'arithmétique est une, la même pour tous. Il semble cependant qu'il y en ait deux, à la façon dont vainqueurs et vaincus font, chacun de leur côté, le compte final des votes d'un scrutin. Au dire de ceux qui triomphent, leur candidat l'emporte d'un grand nombre de voix;

selon leurs adversaires au contraire, de bien peu il s'en est fallu qu'il échouât. Les uns comptent tout l'excédent des suffrages d'un parti sur l'autre parti, les autres le divisent par la moitié, moitié dont le déplacement eût changé les destinées. Tantôt ils se placent au point de vue de la majorité absolue, tantôt de la majorité relative, suivant l'avantage qu'ils croient y avoir et l'effet qu'ils veulent produire.

La bonne foi n'est pas moins suspecte dans la plupart des nouvelles, soit du dedans et du dehors, que la presse prodigue chaque jour à ses lecteurs. Tel ou tel journal est moins préoccupé de donner des nouvelles exactes que d'en donner beaucoup, au risque d'avoir à les démentir le lendemain; il veut paraître mieux informé que ses confrères, il a le désir de faire sensation et peut-être de vendre quelques numéros de plus dans les kiosques et sur les boulevards. Cependant ces nouvelles fausses, légèrement, je ne veux pas dire sciemment accueillies et lancées dans le public, peuvent avoir de graves conséquences sur l'état des esprits, sur les fonds publics, sans compter qu'elles contribuent singulièrement au discrédit du journalisme.

Il y a deux manières de tromper le public, soit en disant ce qui n'est pas, soit en taisant ce qui est. Tel ou tel fait sera rapporté, mais avec des omissions à dessein qui en changent plus ou moins la nature et le caractère, qui en augmentent ou en diminuent l'importance et la gravité, ainsi que l'avantage qu'en pourraient tirer les adversaires. Un peu moins de partialité, un peu plus de bonne foi, ne nuirait à aucune cause, quelle qu'elle soit.

Comment aussi ne pas suspecter la sincérité du journaliste qui, à brève distance, pour ne pas dire d'un jour à l'autre, soutient des thèses contraires, suivant les passions du jour, suivant tel ou tel nouveau ministre, ou même suivant le nouveau directeur entre les mains duquel le journal a passé? Rien de plus légitime que de prêter sa plume à telle feuille plutôt qu'à telle autre, pourvu toutefois que cette feuille soit de la même couleur, défende la même cause et soutienne les mêmes principes. Pour un journaliste qui passe d'un parti à un autre, l'opinion publique doit être plus sévère que pour l'avocat qui, du jour au lendemain, plaide, dans des affaires sans nulle importance politique ou sociale, le pour et le contre.

Le *Pour et Contre*, tel est, je me le rappelle, le titre d'un grand journal, dont l'existence n'a pas été de longue durée, publié sous Louis-Philippe. Il avait, le même jour, deux colonnes en regard, l'une pour le juste milieu, l'autre pour l'opposition. Ainsi était-il assuré de ne jamais plaire à tout le monde et de ne contenter qu'une moitié de ses lecteurs, si toutefois même ils n'étaient pas tous indisposés par la colonne d'à côté. C'était un véritable *sic et non* politique. *Le Matin*, qui se publie aujourd'hui, et qui a plus de succès, grâce au talent de ses rédacteurs, et aussi grâce au nombre de ses informations, vraies ou fausses, semble une résurrection de ce journal *Pour et Contre*. Il y a seulement cette différence que le pour et le contre, au lieu d'être, pour ainsi dire, côte à côte dans un même numéro, s'y succèdent alternativement, chaque semaine, du jour au lendemain, ce qui rend la contradiction un peu moins choquante. Un jour est au royalisme, un autre au bonapartisme, un autre à la république modérée, un autre à la république radicale. Ainsi ce journal en a-t-il pour tout le monde et pour tous les goûts. Il est à croire que ses fondateurs n'ont aucune espèce de foi politique et que leur éclectisme n'est que du scepticisme, ou plutôt une pure spéculation industrielle. Ils sont sans doute profondément indifférents au blanc et au rouge, sans nul autre souci que celui du nombre des abonnés. C'est une tribune successivement louée à tous les partis, comme telle ou telle salle de réunion dans Paris.

Si ces réflexions s'appliquent à la direction du journal, elles n'atteignent en rien, il va sans dire, les rédacteurs eux-mêmes, appelés tour à tour, à tel jour de la semaine, à défendre leurs principes et leur parti. Chacun a ses opinions, ses convictions qu'il garde, et qu'il défend, avec tout son talent, et en toute liberté, sans s'inquiéter de ce qu'a dit en sens contraire son confrère de la veille, ou de ce que dira à son tour le contradicteur du lendemain, sans autre préoccupation que de défendre sa cause le mieux possible, et d'avoir un grand nombre de lecteurs qui achèteront le journal pour son article annoncé à l'avance. Toutefois, si j'avais l'honneur d'être l'un d'eux, il me déplairait peut-être de penser qu'à cette même place, en quelque sorte toute chaude, où j'écris aujourd'hui, le contraire sera écrit demain.

Rien de plus propre, à ce qu'il me semble, à discréditer l'autorité de la presse et à détruire, s'il en reste, les illusions sur son prétendu sacerdoce, que de voir ainsi un même journal dire alternativement oui et non, soutenir ou attaquer ministère et gouvernement, éteindre, pour ainsi dire, le feu, après l'avoir allumé, le rallumer après l'avoir éteint, et souffler, de la même bouche, le froid et le chaud, suivant le reproche du satyre au passant son hôte, dans la fable de La Fontaine. Le satyre, qui a vu le passant souffler d'abord sur ses doigts pour les réchauffer et qui le voit ensuite souffler sur sa soupe pour la refroidir, s'irrite de ce double manège en sens contraire, et le chasse de son foyer :

> Ne plaise aux Dieux que je couche
> Avec vous sous même toit!

Volontiers nous ajouterons avec lui, non pas seulement à l'encontre de tel ou tel journal et de la presse, mais de tous ceux qui tiennent un double langage, c'est-à-dire de tous les menteurs :

> Arrière ceux dont la bouche
> Souffle le chaud et le froid !

Nous arrêterons ici cette revue déjà longue, mais à laquelle il y aurait encore tant à ajouter, de toutes les altérations de la vérité que comprend le mensonge. A la défense générale de mentir, comme contraire au respect que nous devons aux autres et à nous-mêmes, il y a, nous l'avons vu, des exceptions; il y a des mensonges innocents, et même des mensonges héroïques, comme d'autres au dernier degré de la perversité et de l'ignominie. Entre les deux il en est de plus ou moins blâmables ou excusables, selon les circonstances et les motifs.

Je crois avoir amplement justifié, en dépit de Kant, ces distinctions et ces exceptions, non seulement au point de vue de l'utilité sociale, mais au point de vue de la conscience elle-même.

Néanmoins j'espère, je le répète, qu'on voudra bien ne pas me ranger parmi ces casuistes relâchés dont Cicéron et Pascal ont fait justice. Malgré cette part inévitable concédée au mensonge, quand il se trouve aux prises avec de plus grands devoirs, c'est la cause de la sincérité, de la franchise, de la bonne foi, et non celle des équivoques et de la dissimulation dont j'ai pris la défense contre bien des relâchements de la morale du jour. Un précepte non moins grand que celui de ne pas mentir est le précepte de ne pas tuer. Cependant ne souffre-t-il pas des exceptions, soit à la guerre, soit dans le cas de légitime défense, pour sauver sa propre vie ou celle de son semblable?

De même en est-il de la règle générale de dire la vérité : il peut être permis de l'enfreindre dans certaines circonstances, en vue d'un mal à éviter plus grand que le mal du mensonge, en vue d'un service à rendre plus grand que le bien de la vérité. Il y a du vrai dans ce dicton populaire, que toutes les vérités ne sont pas bonnes à dire.

Loin de multiplier ces exceptions, nous avons cherché à les restreindre, et nous avons blâmé plus d'un mensonge toléré, sinon approuvé, autour de nous.

Nous l'avons dit en commençant, nous le répétons en finissant : le difficile est de marquer la limite exacte qui sépare ce qui est permis de ce qui n'est pas permis. Nous n'avons fait que donner des indications et des directions sans prétendre formuler pour tous les cas des règles précises et strictes. Dans les cas douteux et difficiles il y a lieu, si cela est possible, de consulter des personnes sages, mais surtout, comme le recommande Rousseau, de consulter sa conscience, en supposant qu'elle ne soit pas faussée par la passion ou l'intérêt. Le mieux, c'est de travailler constamment à maintenir en nous ces sentiments de dignité, d'honneur, de droiture qui sont les meilleurs guides dans la vie morale.

Que si nous nous trouvons entraînés parfois à mentir pour rendre service à autrui, seul cas où le mensonge peut être excusable, du moins ne mentons jamais par intérêt ou par lâcheté. Hors quelques exceptions, suivant nous légitimes, souvenons-nous de ces paroles de Plutarque : « Mentir est le propre d'un esclave, non d'un homme libre ».

SIXIÈME ÉTUDE

DE L'HYPOCRISIE

De l'hypocrisie. — Diverses sortes d'hypocrisie. — De l'hypocrisie religieuse au xviie siècle. — Double guerre du théâtre et de la chaire contre les faux dévots. — Molière et Bourdaloue. — Les plus grands des criminels, d'après Fénelon et Massillon. — Pourquoi cette grande sévérité contre les hypocrites de piété. — L'hypocrisie sous la Restauration. — De l'hypocrisie en sens contraire prédite par La Bruyère, ou hypocrisie d'impiété. — De l'hypocrisie religieuse chez un prêtre. — Devoir du prêtre qui a cessé de croire. — Le laïque qui manifeste des marques de respect pour un culte auquel il n'a plus foi est-il un hypocrite? — Devra-t-il rester à la porte du temple pendant un mariage ou un enterrement? — Un cas suprême de conscience, ou alternative d'un enterrement civil ou religieux. — De l'hypocrisie en politique. — De l'hypocrisie par ambition ou par lâcheté. — Faux rouges ou jacobins. — Hypocrisie des regrets tardifs. — De l'hypocrisie des diplomates. — Les faux pacifiques. — *Dicentes : pax, et non erat pax.* — Des faux convertis. — L'hypocrisie et la persécution.

Mensonge et hypocrisie se tiennent de près. L'hypocrisie est un mensonge, mais d'une espèce particulière. Elle ne consiste pas à trahir la vérité à un moment donné, par un oui ou par un non, dans une circonstance plus ou moins grave; c'est une feinte continue pendant des années, et même pendant une vie entière. Elle n'est pas seulement dans le langage, mais dans toute la personne, dans son attitude, dans ses démarches et dans son extérieur, depuis le visage jusqu'à l'habit. L'hypocrisie est un masque que l'hypocrite a attaché sur sa figure et qu'il ne détache jamais que contraint et forcé.

Pour un grand nombre, il n'y a d'hypocrites que dans l'ordre religieux. Les faux dévots, ou les bigots, comme on disait au xviie siècle, voilà les hypocrites dans le langage ordinaire. Nous donnons ici à l'hypocrisie une plus large acception. Toute feinte, dans un but intéressé, d'opinions, de sentiments, de croyances qu'on n'a pas, est de l'hypocrisie. Nous allons voir combien il y en a de différentes sortes, tant sous le régime de la libre pensée, que sous celui d'une Église dominante ou d'une religion d'État, tant dans l'ordre politique que dans l'ordre religieux. Commençons par les hypocrites dans l'ordre religieux qui passent, ou du moins qui ont passé, sinon pour les seuls hypocrites, au moins pour les hypocrites par excellence.

Il y a eu de tout temps de ces hypocrites depuis le triomphe de la religion chrétienne, si nous en croyons l'Église elle-même qui n'a cessé de leur faire la guerre. Saint Jean Chrysostome et saint Augustin n'ont pas épargné les anathèmes à ces faux chrétiens; mais nous laisserons les pères de l'Église, le ive siècle et les siècles suivants, pour ne nous arrêter, plus près de nous, qu'au xviie. Sous le règne de Louis XIV, et surtout à partir de la révocation de l'édit de Nantes, les manifestations extérieures d'orthodoxie et de piété étant devenues la condition de la faveur du souverain, la voie unique des grâces et des honneurs, il y eut sans doute des hypocrites en grand nombre. Nous devons, d'ailleurs, en croire Bourdaloue qui nous dit, dans son sermon sur l'hypocrisie, « que jamais l'abus de la dévotion apparente et déguisée n'a été plus grand ». Il faut en croire aussi Molière, La Bruyère et Boileau, qui poursuivent de leurs traits, de leurs épigrammes, de leurs satires, les faux dévots, et nous les représentent sur la scène non moins odieux que ridicules et méprisables.

La guerre en ce temps-là était vive, on le sait, entre le théâtre et la chaire ; rappelons la lettre de Bossuet au P. Caffaro et les anathèmes de Port-Royal contre les auteurs de comédies ou de tragédies. Cependant ces deux puissances s'unissent pour flétrir et confondre les hypocrites.

En quels traits ironiques, Molière, dans *le Festin de Pierre*, ne dépeint-il pas les avantages et profits attachés à cette profession de l'hypocrisie, de ce vice privilégié qui, selon don Juan, jouit en repos d'une impunité souveraine, des bénéfices d'une liaison étroite avec tous les gens du parti, avec une cabale puissante qui vous défend envers et contre tous. Aussi l'envie lui prend de se faire hypocrite : « C'est sous cet abri favorable que désormais il veut mettre ses affaires.... C'est le moyen de faire impunément tout ce qu'on veut.... Il s'érigera en censeur des actions d'autrui; il jugera mal de tout le monde; il se fera le vengeur de la vertu opprimée, il accusera ses ennemis d'impiété, excitera contre eux de zélés indiscrets qui les damneront hautement de leur autorité privée. »

Le pauvre Sganarelle, terrifié de voir son maître tomber à ce dernier degré de la corruption et de la perversité, ne peut s'empêcher de s'écrier, au risque de perdre ses gages : « Qu'entends-je ici ? Il ne vous manquait plus que d'être hypocrite pour vous achever de tout point, et voilà le comble des abominations ! » Il continue sur ce ton jusqu'à ce qu'il s'embrouille dans son discours, comme il s'embrouille aussi dans sa défense des causes finales.

La terrible tirade de don Juan devient tout un drame dans le *Tartufe*. Là l'hypocrisie est personnifiée dans le type immortel de ce personnage odieux, bien plus que ridicule et comique, qui, après s'être introduit chez Orgon, avec sa haire et sa discipline, veut séduire sa femme et s'emparer de sa maison. Cléante, le sage de la pièce, achève le portrait de l'hypocrite par don Juan :

> Ces gens qui, par une âme à l'intérêt soumise,
> Font de dévotion métier et marchandise,

> Et veulent acheter crédit et dignités
> A prix de faux clins d'yeux et d'élans affectés....
> D'autant plus dangereux dans leur âpre colère,
> Qu'ils prennent contre nous des armes qu'on révère,
> Et que leur passion, dont on leur sait bon gré,
> Veut nous assassiner avec un fer sacré.

La Bruyère n'est pas plus tendre que Molière pour les hypocrites ou les dévots, comme il les appelle sans autre épithète, « qui font, dit-il, servir la piété à leur ambition et vont à leur salut par le chemin de la fortune ». Comme Molière, il a mis en scène les bassesses et les fourberies de l'hypocrite personnifié dans Onuphre.

Onuphre est plus prudent, plus circonspect, plus habile à cacher son manège, mais il n'est pas moins odieux et méprisable que Tartufe. Peut-être échappera-t-il à la justice d'un roi, « ennemi de la fraude », mais non aux mépris et aux dégoûts de tous les gens honnêtes. Boileau s'en prend aussi aux bigots ou faux dévots, en divers passages de ses épîtres et de ses satires, principalement dans la satire sur l'honneur :

> Un bigot orgueilleux qui, dans sa vanité,
> Croit duper jusqu'à Dieu par son zèle affecté,
> Couvrant tous ses défauts d'une sainte apparence,
> Damne tous les humains de sa toute-puissance.

Que des moralistes profanes et surtout des auteurs dramatiques, comme Molière, fassent vivement la guerre aux hypocrites, il n'y a pas lieu de s'en étonner ; ils usaient en quelque sorte de représailles ; ils combattaient *pro aris et focis*. En frappant sur les hypocrites, ils frappaient sur les plus dangereux ennemis du théâtre, animés d'un zèle faux ou sincère ; ils avaient à se défendre contre le fer sacré, suivant l'expression de Molière, avec lequel on voulait les assassiner. Mais l'Église ne courait pas de leur part, à ce qu'il semble, le même danger et elle n'avait point de représailles à exercer contre eux. Les hypocrites de piété, à ne considérer que les dehors, et non les cœurs, lui rendaient une sorte d'hommage et augmentaient le nombre apparent de ses serviteurs et de ses fidèles. Ne donnaient-ils pas le bon exemple? A tout le moins, l'hypocrisie devait être à ses yeux un moindre mal que l'affectation d'impiété, que le scandale et le libertinage. Mieux vaut, comme dit don Quichotte à Sancho, l'hypocrite qui fait semblant d'être bon que celui qui pèche au grand jour [1].

1. *Don Quichotte*, 2ᵉ partie, chap. XXIV.

Mais, d'un autre côté, quelle arme contre elle que ces faux dévots faisant de la dévotion métier et marchandise! Avec quelle dextérité perfide les libertins ne s'en servaient-ils pas pour rendre suspects les vrais dévots! pour jeter le discrédit sur les pratiques religieuses et sur la religion elle-même! Voilà pourquoi, par un motif différent, et en raison de ce dommage qu'ils font à la vraie piété, Bourdaloue, Massillon, Fénelon, pour n'en pas citer d'autres, mettent les hypocrites au-dessous des impies, au rang des plus détestables pécheurs et même des plus grands des scélérats. M. Janet, dans un récent ouvrage [1], a dit que l'Église au xviie siècle n'avait pas été sans quelque indulgence pour l'hypocrisie; il nous semble facile de prouver le contraire par quelques citations.

Deux des meilleurs sermons de Bourdaloue, l'un sur l'hypocrisie, l'autre sur la vraie et la fausse piété, sont destinés à combattre les hypocrites. Toutefois, en les combattant, il a bien soin de se séparer de Molière et des libertins

---

1. *Types et Caractères du* xviie *siècle.*

qui, dit-il, n'attaquent si fort l'hypocrisie que pour faire diversion à leur libertinage. « Voilà ce qu'ils ont prétendu en exposant sur le théâtre à la risée publique un hypocrite imaginaire, si même vous le voulez, un hypocrite réel, et tourner dans sa personne les choses saintes en ridicule. » Le but de Bourdaloue est surtout de dévoiler cette tactique des libertins à l'encontre de l'hypocrisie, et d'en montrer les suites et les effets sur ceux qui ne sont pas des hypocrites.

Ils se prévalent de la fausse piété pour prétendre qu'il n'y en a point de vraie. Leur jeu est de se flatter que les autres au fond ne sont pas meilleurs qu'eux, et que même ils valent mieux, parce qu'ils ont sur eux l'avantage de la bonne foi. « L'hypocrisie, dont ils profitent pour se confirmer dans leur libertinage, est, dit-il, pour les âmes faibles un sujet de trouble et une tentation pour les détourner de la vraie piété. Crainte d'essuyer les railleries, à cause de cet odieux soupçon d'hypocrisie, on se dégoûte de la piété, et, pour s'en mettre à l'abri, on tombe dans une autre hypocrisie, celle de cacher les sentiments qu'on a dans le cœur pour en affecter de tout contraires[1]. » « Le terme d'homme dévot et de femme dévote, dit-il dans le sermon sur la vraie et la fausse piété, qui, dans sa propre signification, exprime ce qu'il y a dans le christianisme de plus respectable, porte présentement avec soi une tache qui en obscurcit tout l'éclat et le ternit. » Moins pernicieuses lui semblaient les railleries des impies que les faux dehors de ces sépulcres blanchis.

Massillon fait de l'hypocrisie le plus grand de tous les crimes, digne de l'exécration de Dieu et des hommes à cause de l'abus que fait l'hypocrite de la religion. « Les dérisions et les satires sont trop douces pour décrier un vice qui mérite l'horreur du genre humain, et un théâtre profane a eu tort de ne donner que du ridicule à un vice si abominable, si honteux, si affligeant pour l'Église, et qui doit plutôt exciter les larmes et l'indignation que la risée des fidèles[2]. » Si Massillon est moins dur pour le *Tartufe* que Bourdaloue, il n'est

---

[1]. Sermon sur l'hypocrisie.
[2]. Sermon sur l'injustice du monde à l'égard des gens de bien.

pas plus doux, on le voit, pour les hypocrites.

Fénelon semble avoir détesté encore plus les hypocrites que Bourdloue et Massillon. Dans sa description des enfers, comme dans l'enfer de Dante, les hypocrites sont au premier rang parmi les plus coupables et les plus durement châtiés. « Télémaque y remarqua beaucoup d'impies hypocrites qui, faisant semblant d'aimer la religion, s'en étaient servis comme d'un beau prétexte pour contenter leur ambition et se jouer des hommes crédules. Ces hommes qui avaient abusé de la vertu même, quoiqu'elle soit le plus grand don des dieux, étaient punis comme les plus scélérats des hommes. »

Le nombre des hypocrites ou des faux dévots diminua sans nul doute à la mort du grand roi, la piété n'étant plus à la mode, et en si grand honneur et profit sous le Régent. Il y eut dès lors, et dans tout le cours du xviii° siècle, des fanfarons d'impiété et d'athéisme en regard des hypocrites de piété. Combien n'y en eut-il pas, par peur ou par ambition, pendant toute la Révolution? Au commencement de ce siècle, l'hypocrisie religieuse devait encore avoir quelques beaux jours sous la Restauration, comme à la fin du règne de Louis XIV. Faut-il rappeler les années où florissait la Congrégation, où les pratiques religieuses, les billets de confession ouvraient la voie des grâces et des honneurs? Les choses ont changé sous la monarchie de Juillet et sous l'Empire, à plus forte raison ont-elles changé aujourd'hui où, à feindre la piété, il n'y aurait rien à gagner, et au contraire tout à perdre.

Mais si l'hypocrisie religieuse n'est plus de mise aujourd'hui, du moins à l'égard de l'État, elle a fait place à une autre hypocrisie en sens contraire, digne du même mépris et plus dangereuse peut-être.

La Bruyère avait bien dit : « Un dévot, c'est celui qui serait athée sous un roi athée ». Nous n'avons pas un roi athée, mais nous avons un gouvernement athée sous lequel il est très avantageux de faire profession d'impiété, ou mieux encore d'athéisme, pour être assuré de plaire, pour parvenir ou pour se maintenir. Combien aujourd'hui à la Chambre, au Sénat, dans les emplois publics, depuis les plus grands jusqu'aux plus petits, qui ont des sentiments religieux et qui votent ou ont voté des lois irréligieuses! Combien de fonctionnaires qui ont envie d'aller à la messe et qui n'y vont pas, qui croient à Dieu, car il n'est pas facile d'être sincèrement athée, et qui feignent de n'y pas croire! Tel percepteur fera des lieues le dimanche pour aller à la messe dans une autre commune, n'osant mettre les pieds dans l'église qui est à sa porte. Nous vivons en effet sous un souverain aussi puissant que l'a jamais été Louis XIV, auquel il faut plaire sous peine de disgrâce et de révocation. Il y a des radicaux et des jacobins au pouvoir; il y a un conseil municipal de Paris, devenu un des grands pouvoirs de l'État, qui ne veulent pas entendre parler de Dieu, et qui biffent son nom partout où ils le trouvent, ni plus ni moins que celui d'un roi ou d'un empereur.

Si ceux qu'on appelle aujourd'hui des cléricaux, quelle qu'ait été leur bonne foi, ont pu être soupçonnés, sous certains régimes et certains ministres, de quelque arrière-pensée intéressée, du désir de plaire et de parvenir, ils doivent se réjouir aujourd'hui d'être bien à l'abri d'un pareil soupçon ; ils peuvent porter la tête haute, car il est manifeste qu'ils sacrifient leur intérêt à leur foi. Pour eux, non seulement point de faveurs, mais point de justice.

Je ne veux pas dire cependant que l'hypocrisie religieuse n'ait sa place aujourd'hui nulle part. Si elle n'a plus rien à attendre des faveurs de l'État, il n'en est peut-être pas de même dans les relations privées et dans un certain nombre de familles. Elle est un piège tendu à la bonne foi des personnes sincèrement pieuses, qui ne se persuadent pas facilement qu'on peut se jouer des choses saintes. Plus d'un, par exemple, affectera une piété qu'il n'a pas, pour faire un bon mariage, pour gagner, ou pour ne pas perdre, tel ou tel héritage. C'est une hypocrisie par exemple, dont ne se font pas faute bon nombre de ceux qui demandent un appui quelconque ou des secours, au curé, à la paroisse, à telle ou telle société de charité chrétienne. Quant aux clients de l'assistance publique, s'ils sont hypocrites, c'est en un sens tout contraire.

Je passe à l'examen d'un cas plus grave d'hypocrisie dans l'ordre religieux et à l'égard des choses saintes. Il est mal sans doute, de la part d'un simple particulier, de se couvrir, dans un but intéressé, des dehors d'une croyance religieuse qu'il n'a pas. Mais combien le mal est plus grave, l'hypocrisie plus profonde, la profanation plus grande de la part du ministre d'un culte qui enseigne, qui prêche, qui impose, en vertu d'un caractère réputé sacré, les dogmes, les pratiques de cette religion qu'il a abjurée dans le fond de son cœur; qui, non seulement feint de croire, mais qui commande à tous de croire, au nom de ce Dieu ou de cette Église auxquels il ne croit plus! Je ne parle pas d'une hypocrisie de mœurs, mais d'une hypocrisie d'état et de croyance.

Telle est l'hypocrisie des prêtres, de tous les cultes et de tous les temps, qui ont gardé les fonctions, les honneurs et les avantages du sacerdoce, alors qu'ils ne croyaient plus au Dieu, aux dogmes, aux mystères dont ils étaient les ministres et les prétendus interprètes. Tels étaient, par exemple, ces augures de Rome qui, d'après Caton, ne pouvaient se regarder sans rire. Il est probable que ces prêtres païens n'avaient pas grand scrupule à faire fumer l'encens et immoler des victimes devant les statues de ces dieux, dont en eux-mêmes, et entre eux, ils se riaient. Tel était César lui-même qui remplissait les fonctions de grand pontife après s'être déclaré athée dans le Sénat, ni plus ni moins que M. Schœlcher dans le palais du Luxembourg. Qu'on se figure Voltaire avec la tiare et les clefs de Saint-Pierre. Mais dans ces religions tout extérieures de l'antiquité, la conscience du prêtre, comme celle des fidèles, était moins engagée que dans des religions plus intérieures, plus spiritualistes, et d'une orthodoxie plus sévère.

Dans les consciences plus délicates de prêtres chrétiens, à toutes les époques sans doute, et non pas seulement aujourd'hui, il s'est peut-être livré bien des combats douloureux entre le doute et la foi! Combien ont été tentés, et plus ou moins séduits, sinon par le scepticisme et l'impiété, au moins par les hérésies, comme il y en a eu en si grand nombre dans l'histoire de l'Église; combien au temps de la Renaissance et de la Réforme, combien plus encore dans les temps modernes, et surtout de nos jours, par les progrès de la critique et de l'esprit d'examen ! Je suppose qu'un jour soit venu où le doute l'ait emporté dans des consciences sacerdotales, et que le scepticisme, ou quelque foi nouvelle, y ait remplacé définitivement la foi ancienne dont ils sont les représentants consacrés. Alors s'impose à eux, s'ils sont honnêtes, l'obligation de se démettre. Mais qu'une pareille décision est pénible à prendre ! En échange de cette considération dont le prêtre est environné, il faut se résigner à encourir le blâme de l'opinion publique, peu indulgente, même chez les moins dévots, pour ceux qui, comme on dit vulgairement, ont jeté le froc aux orties ; il faut avoir le courage de braver le reproche d'apostasie. Peut-être même devra-t-on sacrifier tout moyen d'existence.

A côté de ces motifs d'intérêt personnel, des motifs d'un autre ordre peuvent augmenter le trouble d'une conscience hésitante, tels que la crainte du scandale, la certitude de contrister les âmes simples et pieuses et d'ébranler chez plusieurs, par l'éclatant exemple de cette défection, la morale en même temps que la foi, toutes deux liées ensemble chez le plus grand nombre.

Dans un des meilleurs romanciers anglais, mistress Gaskell, je trouve un émouvant tableau de ces luttes intérieures qui doivent agiter l'âme d'un prêtre à la conscience honnête, mais qui a cessé de croire[1]. Un de ses principaux personnages, M. Hale, ministre de l'Église anglicane, a conçu des doutes sur la vérité de quelques dogmes de son Église. Rien de plus noble et de plus touchant que la simplicité, la fermeté résignée, avec laquelle cet homme excellent, par scrupule de conscience, renonce à son ministère et aux avantages d'un riche bénéfice. Il accomplit courageusement le sacrifice final, malgré ses supérieurs eux-mêmes qui l'estiment et voudraient le retenir, malgré les supplications d'une femme malade, d'une fille adorée, malgré la gêne, sinon la pauvreté, qui va succéder à l'aisance.

Telle est la conduite qu'impose la conscience à tout prêtre, catholique ou protestant, qui a

1. *Nord et Sud.*

cessé de croire, ou même qui, comme M. Hale, a cessé d'être orthodoxe. Quant aux fidèles qui le voient se séparer de leur communion et abandonner le temple, non seulement ils ne doivent pas le honnir, mais plutôt devraient-ils louer la grandeur de son sacrifice, lui savoir gré du respect dont il témoigne si hautement pour un ministère que désormais il ne se croit plus digne de remplir. Ce prêtre, qui ne peut plus en conscience rester prêtre, se retirera silencieusement du sanctuaire, l'âme brisée, sans nul bruit, sans nul éclat, pour vivre dans la retraite. Nous ne parlons pas de ceux qui n'auraient d'autre but que de satisfaire leurs passions ou leur ambition, que de dresser autel contre autel, pour se faire, comme Mathan, le chef de quelque secte ou Église rivale.

Quant à celui qui demeure à l'autel n'ayant plus la foi, il est impossible de l'absoudre d'une sacrilège hypocrisie. J'ai dit sacrilège; telle surtout elle doit paraître à l'Église, aux théologiens et aux fidèles. La solution que je viens de donner en simple moraliste est d'accord avec la discipline de l'Église, qui exclut de son sein, qui interdit *a divinis* tout prêtre qui n'est pas en parfaite communion de croyance avec elle. Ce prêtre d'ailleurs ne s'est-il pas en quelque sorte moralement excommunié lui-même ?

La révolution qui peut se faire même dans l'esprit d'un prêtre, malgré tous les liens matériels et moraux qui le rattachent à son Église, arrive plus fréquemment chez des laïques, moins enchaînés à leurs premières croyances et plus ouverts à la libre pensée et à l'examen. La crise morale et religieuse décrite par Jouffroy, en des pages si profondément émues, s'est passée plus ou moins brusque et aiguë, plus tôt ou plus tard, dans plus d'une conscience sincère et réfléchie. Quelle devra être à l'égard du culte extérieur la conduite de ce fidèle qui a cessé de l'être ? Il n'a pas, comme le prêtre, de démission à donner, sous peine d'encourir le double reproche d'hypocrisie et de sacrilège, il n'accomplit aucun rite, il n'officie pas, n'administre pas de sacrements, il n'a aucun caractère officiel. Je pense qu'il demeure libre de se mêler par sympathie à la foule des fidèles qui prient dans le temple, d'assister à des cérémonies qui, si elles ne parlent plus à sa raison, parlent encore à son cœur. Qui peut l'accuser d'hypocrisie, s'il salue une croix qui passe, s'il assiste recueilli à la première communion d'un enfant, au mariage religieux de sa fille? Restera-t-il, comme certains francs-maçons, à la porte de l'église pendant que le prêtre bénit le cercueil de son ami? Si la foi est éteinte, il a gardé au fond de son âme le respect pour la religion qui fut la sienne, qui est celle de sa femme et de ses enfants, celle des ancêtres et de la grande majorité de ses concitoyens. Comment d'ailleurs s'empêcher d'une sympathie profonde pour une religion qui fait du bien à un si grand nombre d'âmes, et en qui la morale trouve son plus solide appui? Un respect sincère est-il donc de l'hypocrisie?

Ce respect peut nous suivre jusque dans le sein de la mort. Il y a aujourd'hui plusieurs manières de mourir ou plutôt plusieurs sortes de funérailles, les funérailles religieuses et les funérailles civiles. On pourrait dire avec Virgile :

> Nec via mortis erat simplex....

Quel parti prendra, à sa dernière heure, celui qui a vécu et qui va mourir en dehors de l'Église ? Exigera-t-il des siens de le faire porter droit au cimetière sans passer par l'église ? Ou bien, sans inconséquence, et sans nulle hypocrisie posthume, pourra-t-il accepter ou même réclamer les dernières cérémonies de l'Église ? C'est là en quelque sorte un cas suprême de conscience digne du plus sérieux et du plus impartial examen.

Je suis de ceux qui pensent qu'il faut respecter la volonté d'un mourant, quelle qu'elle soit. Aller contre son dernier vœu serait violer la liberté de conscience alors qu'elle n'est plus susceptible d'aucun changement, et que déjà en quelque sorte elle est consacrée par la mort. Aussi je trouve inconvenantes les plaisanteries et les grossièretés de quelques-uns à l'endroit des enterrements civils. Celui-là ne meurt pas comme une bête qui, en pleine connaissance de cause et librement, manifeste la volonté de finir comme il a vécu. Je compare les personnes pieuses qui, par scrupule, ne veulent pas accompagner son convoi à ces exaltés d'un autre genre qui attendent à la porte du temple la fin d'une cérémonie religieuse. Je me révolte contre un enterrement civil imposé et exploité par un parti, quand le mort est en quelque sorte confisqué, comme souvent il arrive, au profit d'une manifestation anticléricale, sans tenir compte de sa famille, ou même de ses dernières volontés.

D'un autre côté, je n'ai garde de blâmer, et d'accuser d'une feinte suprême, celui qui, bien que non croyant, a opté pour un enterrement religieux. Qui osera lui faire un reproche d'avoir voulu être enseveli selon la coutume de ses pères, *more majorum*, comme l'ont été tous les siens, comme presque tous ses concitoyens autour de lui? Ne doit-on pas même lui savoir gré de n'avoir pas voulu se singulariser, au risque d'augmenter l'affliction des siens, de cette famille en pleurs qui entoure son lit de mort, au risque de scandaliser tout un quartier, tout un village, toute une population pieuse, par ces funérailles insolites, sans prières, sans croix et sans prêtre?

Les cérémonies funèbres en l'honneur de

parents et d'amis, les enterrements religieux auxquels il a assisté tant de fois profondément ému, ces belles prières, ces dernières paroles, *novissima verba*, avec les sons de l'orgue et les chants du chœur, et jusqu'aux tristes tintements des cloches lui sont sans doute revenus à la mémoire, et il n'a pas voulu d'un froid et sec enterrement civil. Combien d'ailleurs prennent plus de force, à cette heure de la mort, toutes ces raisons morales qui, pendant sa vie, l'avaient engagé à conserver des témoignages extérieurs de déférence et de respect pour la foi de ses pères! combien est excusable ce mensonge, si tant est qu'il y en ait un! Le plus sincère respect, je le répète, serait-il donc de l'hypocrisie?

Le seul obstacle à ce vœu suprême, alors qu'il n'est pas précédé ou accompagné de l'appel d'un prêtre, pourrait venir de l'Église elle-même. L'Église est bien sans doute maîtresse de refuser ses prières à qui ne les a pas demandées pendant sa vie, à qui n'est pas des siens. Mais l'Église d'aujourd'hui n'est pas ce qu'elle était autrefois; elle n'exige plus des mourants les mêmes formalités, les mêmes marques de soumission et de repentir; elle ne leur impose plus des professions de foi et des rétractations publiques. Plus tolérante, et peu soucieuse aussi de multiplier les enterrements civils, elle se contente d'un simple vœu du mourant, ou même d'un désir de la famille.

Si les hypocrites dans l'ordre religieux deviennent de plus en plus rares, à cause du peu de profit que rapporte aujourd'hui ce genre d'hypocrisie, il n'en est pas de même dans l'ordre politique. Là les hypocrites sont plus nombreux, à ce qu'il semble, que jamais, et non moins nuisibles au bon ordre social que les hypocrites de piété à la religion. Je distingue deux grandes classes d'hypocrites politiques : les hypocrites par lâcheté, les hypocrites par ambition.

Les hypocrites par lâcheté sont ceux qui, par crainte des violences du parti qui domine, ou qui va dominer, affectent des opinions qu'ils n'ont pas, ou exagèrent leurs vrais sentiments; ce sont ceux qui approuvent de leurs votes des mesures violentes qu'ils blâment intérieurement, ceux qui applaudissent aux proscriptions des autres, de peur d'être eux-mêmes proscrits. N'était cette peur de se compromettre, ils seraient libéraux, modérés et humains; ils ne sont rien moins que des loups, mais ils hurlent avec les loups, de peur d'être dévorés.

Quelle part de responsabilité ne revient pas à ces hypocrites par lâcheté dans les excès et les crimes de toutes les révolutions!

Ils encouragent, ils aggravent le mal, non seulement pour ne pas s'y opposer, mais pour s'en faire les complices. Je parle surtout des hommes politiques, des membres d'une assemblée, de représentants du peuple qui sont par devoir tenus à plus de courage que de simples particuliers. Combien n'y en a-t-il pas eu de ces lâches et de ces hypocrites dans les assemblées, les municipalités et les clubs, ou comités de tous les degrés, même dans le comité de Salut public, aux plus mauvais jours de notre Révolution! Que de sang retombe sur leurs têtes! Toutefois, quand on songe qu'en ce temps-là il y allait peut-être de la vie à ne pas se déguiser en jacobin ou en montagnard, il y a lieu peut-être d'avoir pour eux quelque indulgence dans ces temps tragiques.

Il n'en est pas de même pour les hypocrites politiques d'aujourd'hui; ceux-là en effet n'ont pas pour excuse, du moins jusqu'à présent, d'être au risque de perdre leur tête ou leur liberté. Ils n'ont à craindre que de se compromettre avec les puissants du jour, d'encourir quelque disgrâce électorale ou ministérielle; ils sont d'autant plus coupables qu'ils n'avaient pas besoin d'être bien courageux pour n'être pas des lâches.

Les hypocrites par ambition sont encore plus criminels et plus dangereux que les hypocrites par lâcheté. Ceux-là sont hardis pour le mal, autant que les autres sont timides pour l'empêcher; ils dissimulent aussi leurs vrais sentiments, ils feignent des opinions radicales, révolutionnaires ou même anarchistes qu'ils n'ont pas, pour donner des gages aux meneurs de leur parti, pour monter d'un rang dans la démagogie, pour devenir à leur tour des chefs de file, ou bien pour garder ou pour prendre un portefeuille. Ce sont de faux fanatiques, d'autant plus odieux qu'ils n'ont pas l'excuse de la passion politique, et qu'ils n'agissent que par des vues intéressées et personnelles. Ils jouent le rôle de ces agents provocateurs qui, de peur qu'on ne les soupçonne de froideur, d'arrière-pensée, de connivence avec la police, tiennent à renchérir sur les exaltés sincères du parti et à se signaler par la violence de leurs motions.

Il serait injuste de mettre uniquement au compte de la république démocratique tous les hypocrites d'ambition. Ils y sont peut-être plus nombreux que sous d'autres gouvernements; mais on en rencontre plus ou moins sous tous les régimes, et surtout dans les nuances extrêmes de tous les partis. La monarchie a eu sans doute plus d'un ultra sans bonne foi, comme nous voyons sous la république de faux rouges, de faux jacobins et des laïcisateurs sans conviction, ou même contrairement à leur conscience, qui font élever leurs enfants en cachette chez les jésuites.

Que de sous-espèces, que de variétés d'hypocrisie dans notre monde politique et parlementaire! Un amour affecté de la liberté, l'hypocrisie libérale, est en politique une des plus grandes hypocrisies de notre temps. Qui ne se dit ami de la liberté, qui n'invoque la liberté et toutes les libertés, à gauche et à droite, dans tous les partis, sauf peut-être certaines sectes socialistes? On les veut bien pour son parti, on les réclame énergiquement pour soi et pour ses amis, mais, comme l'expérience s'en fait chaque jour, on n'en veut pas pour ses adversaires. Comment hésiter à traiter d'hypocrites tous ces faux libéraux de la Chambre et du journalisme?

Certains républicains veulent qu'on ait le droit de tout discuter, sauf ce qui leur tient au cœur, sauf la république elle-même; ils proclament que le peuple est souverain; oui, mais à la condition qu'il ne touche pas à la république, et surtout à leur propre souveraineté. Que ne diraient pas les libres penseurs, les francs-maçons, les athées, si, par un retour de la fortune, ils étaient contraints d'aller à l'église et de faire apprendre à leurs enfants le catéchisme dans quelque école religieuse et obligatoire? Quant à la liberté et à la conscience des autres, ils s'en font un jeu; les protestations des pères de famille, les protestations de communes entières sont comme non avenues. Là-dessus tout est dit; il n'y a plus qu'à continuer, sans se lasser, nos protestations indignées contre ces hypocrites de libéralisme, jusqu'au jour où la vraie liberté sera rétablie parmi nous. En vain, pour se défendre, ajoutent-ils une autre hypocrisie; en vain se retranchent-ils derrière cet impudent mensonge de la neutralité, qui n'est qu'une hostilité, d'autant plus dangereuse peut-être qu'elle est plus perfide et plus déguisée.

Dans tout ce monde des hommes politiques et des politiciens, que d'hypocrites pour duper le pays et les électeurs! Combien dont le ton et le langage changent suivant les lieux et les auditeurs! Je ne suis pas le seul à connaître de ces députés à deux faces, qui, dans les clubs de la ville, font la guerre au clergé et au budget des cultes, qui demandent la suppression du traitement de quelques pauvres curés et qui, à la campagne, surtout à la veille des élections, se vantent de subventions qu'ils ont obtenues pour achever ou réparer un clocher, ou pour venir en aide à quelque prêtre malade.

S'il y a des hypocrites d'amour de la liberté, il y a aussi des hypocrites d'amour de la patrie. Je tiens pour tels ceux qui n'ont nul souci d'affaiblir et de désorganiser l'armée, pourvu qu'ils plaisent à quelques électeurs et fassent passer les séminaristes du séminaire à la caserne. Le *Tartufe révolutionnaire*, tel est le titre d'une pièce de Lemercier que je ne connais pas. Mais quel beau sujet à traiter aujourd'hui! Si Molière vivait, il prendrait assurément le type de son Tartufe ailleurs que là où il l'a pris.

N'y a-t-il pas aussi de l'hypocrisie dans ces tardifs regrets de certains hommes politiques, qui ne commencent à se repentir que lorsqu'ils sont eux-mêmes menacés d'être atteints par le mal qu'ils ont déchaîné?

Je n'ai nul scrupule de ranger parmi les hypocrites tous ces empereurs ou rois, tous ces ministres, tous ces diplomates qui abusent les peuples par de fausses protestations d'amour de la paix. Ils n'ont à la bouche que des paroles pacifiques, tandis que tout est à la guerre dans leurs cœurs et dans leurs arsenaux. Ce sont des loups qui tâchent de se cacher sous une peau d'agneau. Jamais la paix n'aurait été mieux assurée ni plus fermement voulue, en aucun temps du monde, par les chefs des nations, s'il était vrai, suivant le vieil adage, que celui qui veut la paix prépare la guerre! Que d'alliances, sous prétexte de consolider la paix européenne, qui sont des coalitions formidables et des menaces prochaines de la plus grande et la plus terrible des guerres qui aura ensanglanté le monde! Il s'agit de tromper jusqu'au bout l'opinion européenne et d'entraîner à la guerre, malgré eux, des peuples qui préfèrent le bien de la paix; il s'agit surtout de surprendre des voisins qui ne seront pas dupes, nous l'espérons, de cette hypocrisie diplomatique.

Assurément on ne peut demander à des ministres des affaires étrangères et à des ambassadeurs de révéler des secrets d'État, si toutefois il en reste chez nous, en ce temps de reportage continu et de plus en plus osé, et de ce commérage quotidien de toutes les gazettes du monde. Toutefois il y a plus que de la discrétion, il y a une véritable hypocrisie dans tout cet échange des assurances pacifiques par lesquelles on cherche à se tromper les uns les autres. A ces rois, à ces ministres, à ces diplomates, j'applique les paroles d'Isaïe : *Dicentes : pax, et non erat pax.*

Avant d'en finir, faisons encore une juste distinction entre l'hypocrisie volontaire et l'hypocrisie par contrainte, soit dans l'ordre religieux, soit dans l'ordre politique. J'ose réclamer l'indulgence pour l'hypocrisie forcée, par où je n'entends pas celle qui n'a, pour se justifier, que la crainte d'une diminution de fortune, de crédit, d'une défaveur, d'une disgrâce, ou même la simple appréhension d'un danger quelconque, mais l'hypocrisie qui s'impose, pour ainsi dire, le couteau sur la gorge, et alors qu'il faut feindre sous peine de la persécution et même de la vie. Tels furent les chrétiens des premiers siècles qui, pour échapper au martyre, reniaient le Christ des lèvres et brûlaient de l'encens devant les autels des faux dieux. Toutes les persécutions ont eu pour effet de faire de ces faux convertis que je n'ai pas le courage de qualifier d'hypocrites, mais que je plains de toute mon âme. Tels ont été ces malheureux protestants qui, sous Louis XIV, après la révocation de l'édit de Nantes, ont abjuré leur foi par crainte de l'exil, de la confiscation et des galères. Tels ont été pendant la Révolution ces prêtres qui ont prêté serment sous la menace de la déportation ou de la guillotine; tels ceux encore qui, pour les mêmes raisons, ont dissimulé leur foi politique.

Qu'ils sont dignes d'admiration tous ceux qui, dans tous les temps, et pour toutes les causes, plutôt que de renoncer à leur foi, ont bravé la persécution, la mort, le martyre! Mais peut-on exiger de tous un pareil degré d'héroïsme? Sans doute le courage de ces faux convertis a faibli, mais combien n'ont-ils pas droit à notre pitié et à notre indulgence? Nous sentons-nous donc de l'étoffe dont on fait les martyrs? Devant les tyrans et les bourreaux aurions-nous montré plus de courage? C'est sur les persécuteurs que retombe la faute des faux convertis.

En résumé, il y a hypocrisie chez quiconque affecte par lâcheté, par intérêt ou par ambition des opinions et des croyances qui ne sont pas les siennes. Si le mensonge est contraire à ce que nous devons aux autres et à ce que nous nous devons à nous-mêmes, à plus forte raison l'hypocrisie, qui est un mensonge prolongé. Les hypocrites de piété ont été suffisamment flétris dans la chaire, sur la scène, par les écrivains satiriques et par l'opinion du monde, mais il en est d'autres, les hypocrites en politique, qui peut-être n'ont pas encore encouru toute la flétrissure qu'ils méritent. J'ai été bien aise de signaler leur bassesse et les dangers qu'ils font courir à la chose publique. Encore une fois, ces tartufes-là sont aujourd'hui plus à craindre que le Tartufe de Molière ou l'Onuphre de La Bruyère!

Telle est l'extension qu'en saine morale il faut donner à ce mot et à ce vice d'hypocrisie; telles sont les principales distinctions à faire entre les cas où l'accusation d'hypocrisie est méritée et ceux où elle ne l'est pas.

FIN

TABLE DES MATIÈRES

AVERTISSEMENT..................................... v

PREMIÈRE ÉTUDE

DES ALTÉRATIONS DU SENS MORAL ET DE LA FAUSSE CONSCIENCE

I. — *De la fausse conscience*........................ 1

Sens moral inhérent à la nature humaine. — Pourquoi il n'est ni sûr ni infaillible. — Altérations collectives de la race, de l'époque, du milieu. — Altérations individuelles. — Différence de responsabilité entre les unes et les autres. — De la fausse conscience. — Un hommage indirect à la conscience droite. — Comment se forme une fausse conscience. — Du grand nombre des consciences plus ou moins faussées. — Un sermon de Sterne sur la fausse conscience dans *Tristram Shandy*. — Qui est assuré d'avoir une bonne conscience? — De la fausse conscience, selon Bourdaloue, chez les courtisans et les hommes au pouvoir. — Vérité des analyses de Bourdaloue appliquées au temps présent. — Raffinements croissants des fausses consciences par la multiplicité des affaires, des intérêts, des ambitions. — Des fausses consciences dans les affaires et dans la politique. — Conscience des hommes au pouvoir différente de celle des autres hommes......................... 1

II. — *Remède contre la fausse conscience*............. 33

Comment une conscience fausse pourra-t-elle se redresser elle-même? — Cercle vicieux apparent. —

Lucidité de la conscience quand l'intérêt propre n'est pas en jeu. — Rectitude de nos jugements sur les actions d'autrui. — Une grande règle de pratique morale : Se juger soi-même comme on juge les autres. — Critérium de Kant moins à la portée de tous. — Distinction de la fausse conscience et de la conscience perplexe. — Une conscience faussée n'exclut pas la responsabilité. — Des cas d'ignorance invincible. — Si la responsabilité n'est pas dans l'acte lui-même, elle est dans les antécédents. — Du fanatisme religieux et politique. — Un vers odieux. — Substitution par l'hypnotisme d'une conscience étrangère à la conscience propre du sujet. — Abus criminels des pratiques hypnotiques. — Appel aux magistrats et aux lois pour faire respecter la personnalité humaine. — Le trouble dans la justice criminelle. — Double responsabilité de l'hypnotiseur et de l'hypnotisé................................. 33

DEUXIÈME ÉTUDE

PETITS PLAISIRS ET PETITS DÉPLAISIRS

I. — *Nous sentons toujours*............................... 59

Les infiniment petits de l'âme humaine. — De leur importance. — Mode infinitésimal d'exercice de chaque faculté. — Petits plaisirs, petites perceptions, petites déterminations. — Nous sentons toujours, comme toujours nous pensons. — Petits plaisirs ou petits déplaisirs continus engendrés par l'union de l'âme et du corps. — Intimité, unité de la vie et de l'âme pensante. — Toute proportion gardée, nous sommes plus sensibles à la peine qu'au plaisir. — Le plaisir de la vie et de la santé est la résultante d'une multitude de petits plaisirs. — Petits plaisirs engendrés par les sens extérieurs. — Union de l'élément affectif à tout élément représentatif. — Nous ne pouvons faire un pas ni ouvrir les yeux sans que quelque chose nous affecte. — Petits plaisirs d'ordre intellectuel. — De la sensibilité dans le sommeil... 59

II. — *Prépondérance des petits plaisirs*................ 87

Des petites humeurs bonnes ou mauvaises. — Point
d'insensibilité absolue, point de liberté d'indifférence. — Un chapitre de Montaigne. — Influence des
plus petites causes sur les actions humaines. —
Somme comparée des petits plaisirs et des petits déplaisirs. — Ingratitude à l'égard des plaisirs passés. —
Les douleurs plus sensibles, mais moins fréquentes. —
Le plaisir est la règle, la douleur l'exception dans
les êtres vivants. — Prépondérance des petits plaisirs dans les vies humaines. — Double et salutaire
influence de l'habitude sur la sensibilité. — Petits
plaisirs de l'habitude. — Douceurs de l'habitude
jusque dans la souffrance elle-même. — Prépondérance des petits plaisirs assurée par l'habitude. —
L'habitude et l'amour de la vie. — Deux conseils de
sagesse pratique : goûter davantage les petits plaisirs; donner moins d'attention aux petits déplaisirs.. 87

TROISIÈME ÉTUDE

DE LA CIVILISATION SANS LA MORALE
ET DE LA MORALE SANS LA RELIGION

I. — *De l'homme seul dépend le progrès*............. 115

Le grand péril social. — Possibilité des décadences ou
des retours en arrière. — Prétentions orgueilleuses
d'une certaine philosophie de l'histoire. — Comment
il faut entendre que Dieu est dans l'histoire. — *Réflexions sur la philosophie de l'histoire*, par Jouffroy. —
Nul plan providentiel si ce n'est la nature même de
l'homme. — Vico et Bunsen. — La nature de l'homme
donnée, tout suit et tout peut s'expliquer dans l'histoire. — Les généralisations tirées de la suite des
faits seules lois de l'histoire. — Analyse des divers
éléments du progrès. — Moralité et lumières ne sont
pas toujours en proportion. — Ce qui n'est pas perfectible dans l'homme. — Les beaux-arts et la bonté

morale. — Les idées seules s'ajoutent et se transmettent. — De l'unique garantie du progrès et de la civilisation.. 115

II. — *De l'élément moral*............................ 141

Définition de l'élément moral. — Conséquences sociales de l'affaiblissement de cet élément. — Transfèrement d'hégémonie d'un peuple à un autre. — Nul empire stable sans les forces morales. — Perfectibilité de l'élément moral limitée à la personne elle-même. — Les plus instruits sont-ils toujours les meilleurs? — Où mènent une société les défaillances morales. — Nous ne subsistons que par un reste de vertu. — Ce qu'il y a de meilleur peut devenir le pire. — Témoignages et appréhensions des sages de la république. — Comment, sans la morale, peuvent tourner au profit du mal tous les progrès scientifiques. — L'art des falsifications en avance sur l'art de les découvrir. — Prédiction sinistre de Mercier sur les destinées de Paris. — De l'usage des richesses. — Point de bon usage des richesses sans la moralité........... 141

III. — *De l'irréligion dans l'éducation*................. 163

Comment faut-il juger de la valeur des maîtres et des écoles? — Comparaison des résultats moraux. — Du dernier des soucis de nos hommes d'État. — Danger de l'instruction sans la moralité. — Une page de Maudsley. — Proscription de l'instruction religieuse. — Inefficacité de l'enseignement des devoirs dans l'école sans le nom de Dieu. — Témoignages de philosophes rationalistes et de libres penseurs. — Expérience dangereuse dans les lycées de filles. — Nulle amélioration possible du sort des classes populaires sans un progrès dans la moralité. — Vanité des enseignements économiques. — Vanité de l'augmentation des salaires. — Le vice et la misère indissolublement unis. — Quelles sont les forces pour le bien à opposer à tant de forces pour le mal? — Des causes de la supériorité de nos vainqueurs. — Courte durée du Culturkampf en Allemagne. — Continuation en France d'une guerre impolitique et aveugle contre les prêtres. — Comment suppléer à leur concours pour les bonnes mœurs et la bonne éducation ? — Réplique d'Origène à Celse. — Hors une recrudescence de force morale, point de salut.............. 163

QUATRIÈME ÉTUDE

DE L'ENCOURAGEMENT AU BIEN ET DES PRIX DE VERTU

I. — *L'État et les municipalités*...................... 197

L'encouragement au bien essentiel à l'ordre social. — Les récompenses publiques à ceux qui ont bien fait sont de tous les temps. — Les prix de vertu académiques ne datent que de la fin du xviii° siècle. — Fondation à la même époque de diverses fêtes en l'honneur de la vertu. — Couronnes aux rosières. — Couronnes aux vertus champêtres. — La Convention abolit tous les prix de vertu. — L'Académie française en reprend la distribution en 1819. — Quelques réflexions sur les rapports annuels des prix de vertu. — Point de vue trop étroit et exclusif. — Les prix de vertu ne sont qu'une des formes particulières de l'encouragement au bien. — Décorations, médailles, mentions d'honneur, pensions données par l'État. — Prix de vertu décernés dans toute la France par un grand nombre de municipalités et de sociétés particulières. — A quel titre de pareilles récompenses sont méritées. — Celui-là seul en est digne qui a fait plus que son devoir....................... 197

II. — *L'Académie française et les Académies de province*............................. 221

Accroissement du nombre et de l'importance des prix de vertu académiques. — Réponse aux sarcasmes de Chamfort contre l'argent donné en récompense à la vertu. — Nul de ces lauréats n'a pensé faire un bénéfice avec la vertu. — Ils ne se sont pas présentés eux-mêmes; il a fallu les découvrir, les dénoncer à l'Académie. — Montyon a eu raison de donner d'abord la préférence aux Français pauvres. — Mais il faut aussi des récompenses pour les riches qui ont rendu des services à l'humanité. — Avantages d'un dédoublement de la séance mixte des prix littéraires et des prix de vertu. — La vertu doit être entendue dans sa plus large acception. — Pourquoi n'y pas comprendre toutes les formes du courage, tous les dévouements à la science, tous les services à l'humanité. — Grands prix à réserver pour la séance annuelle des cinq Académies. — Nombreux prix de vertu dans les Académies de province. — Pourquoi les dons affluent aux Académies. — Jamais ne furent plus opportuns les encouragements au bien pour combattre tant d'excitations au mal.................. 224

CINQUIÈME ÉTUDE

SUR LE MENSONGE

I. *La règle de dire la vérité est-elle absolue?*.......... 249

Opinions de saint Augustin, de Montaigne, de Corneille, de Kant. — Une des plus cruelles injures aux yeux du monde. — Diverses espèces de mensonges. — Mensonges héroïques. — Sentiments opposés de Jacobi et de Kant. — Mensonges officieux. — Nécessité pour l'union en société de cette mutuelle tromperie. — Alceste lui-même ment trois fois avant de dire la vérité à Oronte. — La grande règle de Kant retournée contre lui. — Des mensonges pour rire. — Distinction des mensonges officieux et des mensonges obséquieux. — Condamnation absolue de tout mensonge au détriment d'autrui ou pour son propre bien. — Nulle exception ou excuse que pour les mensonges en vue du bien d'autrui. — Devoir de dire la vérité, bien qu'elle puisse perdre un coupable, devant un tribunal. — Exemple de Jeanie Deans dans Walter Scott. — Du serment. — Deux mensonges de Rousseau. — Vérités à dire ou à ne pas dire.................................... 249

II. — *Doit-on le dire?*... 275

De la sincérité dans les renseignements demandés. — Distinction des cas et des personnes. — A quoi est tenu un fonctionnaire public. — A quoi un simple particulier. — Des cas où la vérité à dire serait nuisible. — Règles à suivre. — Tenir compte de l'importance et de la gravité des faits à révéler. — Mettre en balance le mal qu'on peut faire aux uns ou aux autres en parlant ou en se taisant. — Telle vérité imprudemment dite équivaudra à une dénonciation et à une perfidie. — Des mensonges dans les négociations matrimoniales. — Les fausses promesses de mariage. — Les médecins et le mensonge. — Du secret professionnel. — Mensonges au lit des malades. — Des cas où le médecin doit la vérité. — Les avocats et le mensonge. — Penchant à se faire illusion sur la bonté de leurs causes et à mentir dans l'intérêt de leurs clients. — Nul ne doit défendre celui qu'il sait coupable. — Exception pour l'avocat d'office. — La police et le mensonge. — Les espions à la guerre. — Perfidies héroïques. — Mensonges excusables pour la défense de la société et de la patrie............. 275

III. — *De la bonne foi dans les affaires et dans la Presse* 299

Règle absolue de toutes les transactions commerciales. — Degrés divers dans la mauvaise foi. — Tromperie par réticence. — Le marchand de blé d'Alexandrie et les Rhodiens. — A quoi ce marchand de blé était-il tenu? — Deux philosophes stoïciens mis aux prises par Cicéron. — Opinion de Marmontel. — Le premier des Rothschild et la nouvelle de la bataille de Waterloo. — Tromperies de la part des acheteurs. — Progrès de la fraude depuis les *Offices* et Pythias, le banquier de Syracuse. — Les mensonges ministériels. — Les mensonges dans la presse. — Mensonge continu de l'esprit de parti. — Mensonges même sur les questions de fait et de nombre. — Nouvelles fausses. — Nouvelles vraies dissimulées ou inexactement reproduites. — Un journal pour et contre. — La fable du Satyre et du Passant soufflant le chaud et le froid............ 299

SIXIÈME ÉTUDE

DE L'HYPOCRISIE

De l'hypocrisie. — Diverses sortes d'hypocrisie. — De l'hypocrisie religieuse au xviie siècle. — Double guerre du théâtre et de la chaire contre les faux dévots. — Molière et Bourdaloue. — Les plus grands des criminels, d'après Fénelon et Massillon. — Pourquoi cette grande sévérité contre les hypocrites de piété. — L'hypocrisie sous la Restauration. — De l'hypocrisie en sens contraire prédite par La Bruyère, ou hypocrisie d'impiété. — De l'hypocrisie religieuse chez un prêtre. — Devoir du prêtre qui a cessé de croire. — Le laïque qui manifeste des marques de respect pour un culte auquel il n'a plus foi est-il un hypocrite? — Devra-t-il rester à la porte du temple pendant un mariage ou un enterrement? — Un cas suprême de conscience, ou alternative d'un enterrement civil ou religieux. — De l'hypocrisie en politique. — De l'hypocrisie par ambition ou par lâcheté. — Faux rouges ou jacobins. — Hypocrisie des regrets tardifs. — De l'hypocrisie des diplomates. — Les faux pacifiques. — *Dicentes : pax, et non erat pax.* — Des faux convertis. — L'hypocrisie et la persécution... 323

Coulommiers. — Typ. P. BRODARD et GALLOIS.

www.ingramcontent.com/pod-product-compliance
Lightning Source LLC
Chambersburg PA
CBHW070433170426
43201CB00010B/1073